Die Antiken-Karikaturen Honoré Daumiers (1808–1879) erschienen in loser Folge zwischen Dezember 1841 bis Januar 1843 in dem von Charles Philipon herausgegebenen *Charivari.* Mit dem Verbot der Satire-Zeitschrift *La Caricature* durch Louis Philippe im Jahr 1835 hatte sich die französische Karikatur aus der Politik zurückgezogen und zunehmend der Darstellung des ›bürgerlichen Heldenlebens‹ zugewandt. Das geschah bei Daumier in direkter Form mit Serien wie *Types Parisiens, Mœurs Conjugales, Les Baigneurs, Proverbes et Maximes, Bohèmiens de Paris,* in verdeckter Form aber mit den Blättern der *Histoire Ancienne.* Die Gestalten der antiken Mythologie eigneten sich – bürgerlich travestiert – in besonderer Weise, zugleich den Kunst-Klassizismus der Zeit, wie er auf dem Theater und besonders in der Malerei herrschte, aufs Korn zu nehmen.

Wolfgang Drost, geb. 1930, Professor für Romanistik in Siegen. Arbeitsgebiete: Lyrik des 16. und 17. Jahrhunderts; italienisches und französisches Drama zwischen Renaissance und Barock; Roman im 19. Jahrhundert; Kunstkritik; Ästhetik; Wechselbeziehungen zwischen Literatur und Bildender Kunst im 19. Jahrhundert.

Karl Riha, geb. 1935, Professor für Germanistik/Allgemeine Literaturwissenschaft in Siegen. Arbeitsgebiete: Literaturgeschichte des 18., 19. und 20. Jahrhunderts; Literaturbegriff; Literaturmedien; Trivialliteratur; Gebrauchsliteratur; Satire und Karikatur.

insel taschenbuch 560

Daumier

Antike Geschichte

Honoré Daumier
Antike Geschichte

Übersetzt, kommentiert und herausgegeben von Wolfgang Drost und Karl Riba

*

Insel Verlag

Die Bildvorlagen stellte freundlicherweise das Bildarchiv Preußischer Kulturbesitz zur Verfügung

insel taschenbuch 560
Erste Auflage 1983

Vertrieb durch den Suhrkamp Taschenbuch Verlag
Umschlag nach Entwürfen von Willy Fleckhaus
Satz: Fotosatz Otto Gutfreund, Darmstadt
Druck: Nomos Verlagsgesellschaft, Baden-Baden
Printed in Germany

1 2 3 4 5 6 – 88 87 86 85 84 83

Inhalt

Ankündigung der ›Histoire Ancienne‹
9

Antike Geschichte
11

Beschluß
113

Nachwort
115

Ankündigung der ›Histoire Ancienne‹

*

Zu Recht hat Vico gesagt und nach ihm Edgar-Quinet: »In der Kunst wie in der Philosophie offenbart sich den Menschen die wahrhafte Bedeutung der Fakten erst nach einer langen Reihe von Jahrhunderten.« Dieses herbe und tiefgründige Wort trifft vor allem auf die bildende Kunst zu. Die Griechen waren den Helden, die sie in Bildwerken darstellten, noch zu nahe und sie verstanden nur eine Seite ihrer Schönheit, ihre steife Eleganz und ihren kühlen Adel. Das Leben, die Bewegung und schließlich auch die Innerlichkeit, all das ist ihnen vollkommen abgegangen. Phidias allein hat seinen Werken einen Hauch dieser Qualitäten gegeben, aber nach ihm ist die Bildhauerkunst immer mehr verarmt, verfallen und schließlich ausgeartet in den Apoll von Belvedere, den unnatürlichsten und einfältigsten aller weißen Marmorgötter.

Seitdem hat diese Statue einer ganzen Tradition als Typus gedient. Man war übereingekommen, den Bürger von Rom und Athen immer mit spindelförmigen Beinen, mit Knien ohne Kniescheiben und Köpfen wie von Frisören und ohne irgendeinen Bezug zum Leben darzustellen. Das nannte sich: seinen Helden zu idealisieren. Versteinern hätte man gerechterweise sagen sollen! Das ist der Grund für die berechtigte Abscheu der modernen Völker vor den Griechen und Römern. Ingres ist der würdige Interpret dieser altmodischen Seite der Schönheit. Für die andere Seite war ein überparteiliches und starkes, inspiriertes und nachdenkliches Talent vonnöten, das die nach Phidias gebrochene Kette wieder zusammenknüpfte.

Dank Daumier, dank dem *Charivari*, der ihn bei seinen arbeitsreichen Forschungen ermutigt hat, ist diese Lücke endlich geschlossen worden. Ingres und Daumier, diese beiden siamesischen Zwillinge der Schönheit, sind die würdigen Repräsentanten der Kunst in ihrer Ganzheit, die seit dreiundzwanzig Jahrhunderten einherhinkte. Daumier und Ingres, diese schöne Medaille, von der Daumier die Vorderseite ist, das sind die Namen, die unser Jahrhundert voller Stolz den künftigen Generationen vorweist, die ein ganzes Genie fordern. Allein, ohne jeden wissenschaftlichen Auftrag, ist Daumier durch Griechenland gereist. Er inspirierte sich an der Schönheit eines Denkmals, das ihn faszinierte, und vergoß dort Tränen, wo ihn eine rührende Tradition erwartet hatte. Er zeichnete Tag und Nacht und hat dabei schließlich das ursprüngliche, griechische Lebensgefühl wiedergefunden, wovon wir einen ersten Beweis in dem Blatt *Menelaos als Sieger* vorlegen.

Wir sind uns dessen bewußt, daß diese keusche und naive Komposition – wie jede neue Übersetzung – mehr als einen Verächter finden wird. Vielleicht werden einige Dummköpfe Helena eine gewisse Geste vorhalten, die in unserer verdorbenen Gesellschaft alles andere als einen aus Keuschheit geborenen Gewissensbiß bedeutet. Nun! Diese Geste ist voller Lokalkolorit, und Daumier hat gesehen, wie die Nachfahren der Hellenen diese Geste mit charmanter Grazie vor dem bayerischen Monarchen ausführten. Beweis dafür, daß diese Gebärde immer ein Zeichen der Ehrfurcht in diesem poetischen Lande gewesen ist.

Anstatt das kriegerische Aussehen des stattlichen Menelaos und dieses edle Blatt zu loben, zieht der *Charivari* es vor, seinen intelligenten Abonnenten – und das sind sie alle – anzukündigen, daß die Mythologie, das goldene Zeitalter, die griechische Geschichte und die römische Geschichte, kurz die ganze Antike ebenso getreulich wie dort von Daumier übersetzt werden. Erhabene Kollektion, übermenschliches Monument, deren wahrer Titel heißen muß: *Die Enthüllung heroischer Zeiten.*

Le Charivari vom 22. Dezember 1841.

Antike Geschichte

1. Der siegreiche Menelaos

Auf den rauchenden Wällen des prächtigen Troja entführt Menelaos, der Sohn der Götter, seine blonde Helena, die schöner denn je vor Scham und Liebe ist, als reiche Beute und geleitet sie an seinen Hof.

(*Ilias*, übersetzt von Bareste)

Le Charivari vom 22. Dezember 1841.

1. Der siegreiche Menelaos

*

Troja brennt. Der Trojanische Krieg ist zu Ende. In den Flammen der Stadt sieht man die Silhouette des sprichwörtlich gewordenen Trojanischen Pferdes, mit dem sich die Trojaner den Feind selbst in die Stadt geholt hatten: Unter den Kriegern im Bauch des hölzernen Rosses ist auch der Spartanerkönig Menelaos, der zum Krieg gegen Troja aufrief, weil ihm Paris das Weib geraubt hatte. Nun – nach zehnjähriger Belagerung der Stadt – kann er Helena wieder in seine Arme schließen: Die lange Zeit hat auch am Belagerer und seiner Rückeroberung – der einst so glänzenden Beute des Paris – ihre Spuren hinterlassen. Er sei rothaarig, von mittlerer Größe und gefälliger Gestalt gewesen, berichtet die Sage von Menelaos. Jetzt erinnert nur mehr der ballettöse Schritt unter dem vorstehenden Bauch an die verflossene Schönheit. Das noch bluttriefende Schwert ist Zeichen der eben erfolgten Niedermetzelung der Trojaner, speziell der besonders grausamen Verstümmelung des Deiphobos, den Helena nach dem Tod des Paris zum Mann genommen hatte; ihm hat er Nase, Ohren, Lippen und Hände abgeschnitten und hat ihn seiner Männlichkeit beraubt. Er hat Helena verziehen, die ihm – nach Daumier – beim Abtritt vom Schlachtfeld, das ihre Bühne war, hinter dem Rücken eine Nase schneidet. Die Rückkehr nach Sparta wird nicht ohne Schwierigkeiten vonstatten gehen; aber beide werden – wieder zu Hause – noch eine Weile in »ziemlicher Zufriedenheit« zusammenleben und schließlich sogar gemeinsam zu Therapne bestattet werden.

2. Am Vorabend der Thermopylen

Leonidas nützte die nächtlichen Schatten und zog aus, um die Vorposten des Xerxes zu erkunden. Vier vor Mut überschäumende Krieger begleiteten ihn bei dieser heldenhaften Expedition.

(Der illustrierte Plutarch).

Le Charivari vom 25. Februar 1842.

2. *Am Vorabend der Thermopylen*

*

Nach großen kriegerischen Vorbereitungen hatte König Xerxes eine Brücke über den Bosporus schlagen lassen und war mit seinem Perser-Heer auf bestem Weg, ganz Griechenland zu erobern. Erst am Paß der Thermopylen stellten sich ihm die Griechen entgegen. Leonidas, König von Sparta, mit dem sich die Griechen verbündet hatten, verteidigte diesen strategisch wichtigen Punkt und vermochte, ehe er selbst fiel, das feindliche Heer lange Zeit aufzuhalten. Daumier knüpft nun nicht, wie die Legende es vorgibt, an die verherrlichende Darstellung an, die der spätantike Historiograph Plutarch gegeben hat, sondern mag beim Entwurf seines Blattes an Jacques Louis Davids *Leonidas an den Thermopylen* gedacht haben: Das Bild ist in den Jahren 1805–14 entstanden, wurde im Louvre ausgestellt und ist dort noch heute zu sehen. David übertrug das Heroentum der klassischen Antike als vorbildhaft auf die Helden der französischen Revolution, wie man sich damals überhaupt in vielem nach dem Vorbild der Griechen und Römer richtete. Von alledem ist bei Daumier nichts zu spüren. Zeigte David den Leonidas und seine Kampfgenossen als Männer im besten Alter mit edlen Gesichtszügen und Proportionen, als Verkörperungen höchster männlicher Kraft und Vollkommenheit, so haben wir es beim Karikaturisten geradezu mit dem Gegenbild zu tun: Schon fortgeschritten in den Jahren, in einem Lebensalter stehend, das die volle Entfaltung der Kräfte bereits überschritten hat, tendiert Leonidas – kaum kaschiert durch das mächtige Schwert – ganz offensichtlich zur Fettleibigkeit. Seine Nase scheint leicht gerötet. Als komische Figuren und Trottel konzipiert, konstrastieren die Gestalten des Trupps mit den Insignien des Krieges, mit denen sie ausgestattet sind.

3. Achill in seinem Zelt

Der Held dachte an die Reize der in Tränen aufgelösten Briseïs und gefiel sich in seinem Schmerz. Vergebens bemühte sich Patroklus, beim Putzen seiner Waffen Achills kochende Kriegslust wieder zu beleben.

(Recht treffende Übers. des Präs. P.... Das kostbare Flachrelief ist unter antiken Ruinen durch unseren unermüdlichen Reisenden Mr Texier entdeckt worden. Nach Mr Ingres kann nur Phidias als Schöpfer in Betracht kommen.)

Le Charivari vom 1. März 1842.

3. *Achill in seinem Zelt*

*

Der Zorn des Griechen ist das Motiv, das die Handlung der *Ilias*, den Kampf um Troja, zusammenhält und ihr die innere Einheit gibt. Der griechische Heerführer Agamemnon hatte zu Beginn dieser Heldendichtung den Mitstreiter Achill gezwungen, seine schöne Gefangene Briseïs herauszugeben, die Teil der Beute war. Achill empfand das als Schmach und zog sich gekränkt in sein Zelt zurück: Er weigerte sich, an dem Kampf der Griechen, die Troja erobern wollten, teilzunehmen. Die Geschichte erhält einen metaphysischen Aspekt, indem Achills Mutter, Thetis, Zeus bittet, die gekränkte Ehre ihres Sohnes wiederherzustellen. Der Herrscher der Götter willigte ein: Troja soll nicht erobert werden, bevor die Griechen Achill um Verzeihung gebeten und sich mit ihm versöhnt haben. Vom heiligen Zorn des Achill, den Homer besingt, ist beim Karikaturisten keine Spur mehr zu finden. Daumier macht aus dem göttlichen Krieger, dem besten Streiter des griechischen Heeres, einen modischen Jüngling, der breitbeinig auf seinem Stuhle wippt und gelangweilt am Pfeifchen zieht. Hinter ihm steht sein Freund Patroklus, der seinerseits zu einem Hausmann geworden ist, eine Zipfelmütze trägt, brav das Zelt aufräumt und mit einem Staubwedel unter dem Arm Achills Schild sorgsam abreibt, damit die Waffe keinen Rost ansetzt; von Hektor wird er später mit Hilfe Apolls getötet, und Achill wird Rache üben. Das aufgeschlagene Zelt gibt dem Blatt eine Diagonalstruktur. Auf dem kleineren, rechten Teil sieht man in der Ferne die Zelte des griechischen Heeres und den Bug einiger ihrer Schiffe. Als fiktiven Rahmen hat Daumier das Fragment eines antiken Reliefs gewählt: Der Stein entspricht dabei etwa der Form der Stein-Platte, auf der er seine lithographische Zeichnung anbringt.

4. Odysseus stellt sich Nausicaa vor

Beim Anblick des mit schwarzem Schlamm bedeckten Helden ergreifen alle die Flucht, allein Nausicaa bleibt bei ihrer Wäsche und sagt mit der ihr eigenen naiven Zurückhaltung und unter zartem Erröten: »Welcher Gott, edler Fremder, führt dich zu meinem Waschplatz?«

(Unveröffentlichte Übersetzung [der *Odyssee*] von Monsieur Casimir Delavigne.)

Le Charivari vom 30. März 1842.

4. Odysseus stellt sich Nausicaa vor

*

Auf Geheiß der Götter mußte Odysseus Kalypso verlassen. In einem furchtbaren Sturm zerstörte ihm Poseidon das Floß, mit dem er sich auf die Fahrt begeben hatte; mit letzter Kraft erreichte der Schiffbrüchige die Küste der Phäaken. Erschöpft versank er in einen tiefen Schlaf und wurde schließlich von den Stimmen junger Mädchen geweckt, die am Strand Wäsche wuschen und vergnügt Ball spielten. Der übernächtigte und ungepflegte Odysseus bedeckte notdürftig seine Blöße mit einem Zweig, wagte sich aus dem Gebüsch hervor und bat um Hilfe. Bei seinem Anblick ergriffen die verstörten Mädchen die Flucht, mit Ausnahme von Nausicaa, die ihre Furcht überwand. Sie gab Odysseus Kleider und führte ihn zu ihrem Vater, dem König Alkinoos. Dort wurde er liebenswürdig aufgenommen und erzählte am Hof in langen Abenden von seinen Irrfahrten. Die Begegnung des Odysseus mit der jungen Königstochter – in idyllischer Landschaft am Meer – war geeignet, die von der klassischen Antike erfüllte Phantasie Goethes zu beflügeln. In dem 1827 zum erstenmal erschienenen Fragment *Nausicaa* finden sich Verse, die diese Szene gestalten und zugleich auch die Landschaft verklärt Form werden lassen:

Ein weißer Glanz ruht über Land und Meer,
Und duftend schwebt der Äther ohne Wolken.

Bei dem französischen Zeichner ist nichts von der liebenswürdigen Idylle Homers oder Goethes zu spüren. Die Szene wird herabgezogen in den Bereich des Alltäglichen und Prosaischen. Odysseus sieht aus wie ein Waldschrat, der sich breitbeinig und leicht vorgebeugt den Blicken der erschreckten Mädchen darbietet. Desgleichen Nausicaa. Sie verzieht krampfartig den Mund und gleicht einer abgehärmten Wäscherin aus einem Pariser Armenviertel.

5. *Die Amazonen*

Beim ersten Tageslicht sah man sie vor ihrer edlen Königin feurige Pferde zähmen, und die junge Siegerin inmitten der Arena erhielt als Belohnung einen großen Ehrensäbel.

(Vierzeiler, in dem Fluß wiedergefunden, der ihren Namen trägt.)

Le Charivari vom 3. April 1842.

5. *Die Amazonen*

*

Daumier war – wie Mitte der vierziger Jahre und damit unmittelbar anschließend an die Antikenkarikaturen die Serie *Les Bas Bleus (Die Blaustrümpfe)* zeigt – kein Anhänger der Frauenemanzipation, die in den Jahren zwischen den Revolutionen von 1832 und 1848 in George Sand, die in Männerkleidern einherging, eine ihrer großen Repräsentantinnen fand. Der antike Amazonenstoff war besonders geeignet, Befürchtungen Ausdruck zu geben, die moderne Frau könne und wolle die Rolle des Mannes usurpieren. Der legendäre Amazonenstaat schloß ja die Männer aus und benutzte sie nur gerade noch zu niederen Diensten und zur Fortpflanzung. Der Sage nach gingen die Amazonen auf Männerfang oder gaben sich – einmal im Jahr – den Männern benachbarter Völker hin, zogen aber nur die von ihnen geborenen Mädchen groß. Ihnen gaben sie eine bewußt kriegerische Erziehung, lehrten sie Reiten und Bogenschießen, zu dessen Erleichterung man ihnen in jungen Jahren die rechte Brust ausbrannte. Herkules, Achill und Theseus kämpften gegen die Amazonen; unter ihrer Königin Penthesilea – vgl. dazu die dramatische Adaption Heinrich von Kleists – zogen sie den Troern zu Hilfe. Daumier bleibt anscheinend ganz auf der Ebene dieser mythologischen Informationen, wenn er die Amazonen bei kriegerischen Wettspielen zeigt, in denen der Siegerin Schwert und Schild als Prämie winken; karikaturistisch kritisiert er jedoch derlei frauliche Betätigung auf dem männlichsten aller männlichen Betätigungsfelder und gibt die weibliche Unterwanderung des Kriegshandwerks dem Gelächter preis.

6. Penelopes Nächte

Das wunderbare Profil ihres abwesenden Gatten erschien ihren sanften Augen immerdar, glänzend wie ein Stern. Doch um drei Jahre lang sowohl ihre List als auch ihre Leinwand zu weben, mußte sie einen stolzen Faden haben.

(*Odyssee* in der Übersetzung von Monsieur Villemain.)

Le Charivari vom 24. April 1842.

6. Penelopes Nächte

*

Zehn Jahre dauerte der Trojanische Krieg, wie uns Homers *Ilias* lehrt, zehn Jahre war – nach der *Odyssee* – Odysseus auf seinen Irrfahrten unterwegs: Insgesamt zwanzig Jahre mußte Penelope auf ihren Gatten warten. In den letzten Jahren ihrer Einsamkeit wurde sie durch eine Vielzahl von Freiern – man spricht von über hundert jungen Männern aus Ithaka und von den benachbarten Inseln – bedrängt, die sich gern an die Stelle des Odysseus gesetzt hätten und vorderhand schon einmal auf Kosten des totgeglaubten Abenteurers aus dem vollen lebten. Die Entscheidung darüber, welchem der Bewerber sie endlich ihre Gunst gewähren würde, zögerte Penelope – Musterbild der treuen Gattin – durch eine List hinaus: Sie bedingte sich die Fertigstellung eines Leichentuches für ihren Schwiegervater Laertes aus, trennte jedoch in der Nacht stets den Teil des Gewebes wieder auf, den sie über Tag vorangebracht hatte. Eine Magd verriet die List, und nun bedrängten sie die Freier erst recht, bis Odysseus mit seiner Rückkehr ihrem Treiben ein Ende setzte. Daumier zeigt Penelope vor ihrem Webrahmen; ermüdet durch ihr ständiges Web- bzw. Auftrenngeschäft, ist sie für einen Augenblick eingenickt und erblickt im Schlaf – die einzige Art sexueller Abreaktion, die ihr in all diesen Jahren blieb – das Traumbild des so innig geliebten Odysseus, stimuliert durch lediglich eine Zeichnung an der Wand, die – von ungeübter Hand und daher recht naiv – doch offensichtlich ihre Wirkung tut.

7. Odysseus' Rückkehr

An den Toren des Palastes erkannte ihn sein treuer Pudel als einziger von den alten Freunden sofort wieder, und er ergriff – feiner Instinkt – einen Napf, um Odysseus bei seinem schlauen Vorhaben beizustehen.

(*Odyssee* von Monsieur Vatout.)

Le Charivari vom 18. Mai 1842.

7. Odysseus' Rückkehr

*

Das Thema der ›Rückkehr des Odysseus‹ stammt aus Homers *Odyssee.* Der antike Held hatte das gastliche Phäakenland verlassen und wurde von Athena in wunderbarer Fahrt an die Küste des heimatlichen Ithaka gebracht, wo sie ihm das Aussehen eines Bettlers verlieh. Als solcher wollte sich der »listenreiche Odysseus«, wie es bei Homer heißt, Einlaß in seinen Palast verschaffen, um die seine Frau Penelope bedrängenden Freier in einem furchtbaren Strafgericht zu töten. Bei seiner Ankunft erkannte ihn zunächst nur sein Hund Argos. Daumier knüpft an die Legende an, die von einem Pudel spricht, den es in der Antike nicht gab, und der im 19. Jahrhundert fahrendes Volk begleitete, um in den Hinterhöfen, mit einem Freßnapf im Maul, bei den Gaffern um Spenden zu bitten. So wird auch der wacker einherschreitende Odysseus zu einem fahrenden Musikanten, mit einer Art Trompete und einem kleinen Rucksack. Daumier behandelt die Szene so, als ob er ein antikes Relief abzeichne. Die Lithographie ist nicht eigentlich eine Karikatur, denn bereits Homer schildert ebendiese Verkleidung des Helden. Das bedeutet, daß Daumier, wenn er nicht gerade die antiken Heroen vom Piedestal reißen wollte, jene Szenen der Antike bevorzugte, in denen die Helden in einer Art Travestie erscheinen, dadurch aus der mythischen Idealität herausgerissen und in den Bereich des Genrebildes und damit der alltäglichen Wirklichkeit gehoben werden.

8. Agamemnons Zorn

Vergebens erschöpfte der König der Könige in seiner Wut den Schatz der Flüche, die er vom Kommiß her kannte, und auf die wir hier nicht weiter eingehen wollen. Achill stellte sich taub, blieb wie angenagelt am Strand sitzen, beweinte seine Briseïs und angelte Gründlinge.

(*Die Ilias*, nach der freien Übersetzung von Monsieur Vatout.)

Le Charivari vom 1. März 1842.

8. Agamemnons Zorn

*

Daumier knüpft mit dieser Lithographie im Inhaltlichen an Blatt 3 – *Achill in seinem Zelt* – an: Er stellt nun den Gegenspieler Achills dar, den König Agamemnon. Agamemnon hatte Achills Zorn erregt, weil dieser ihm die schöne Briseïs genommen hatte, die ihm doch aus der Beute zugesprochen worden war. Achill schmollte, und der Kampf um Troja war so lange unentschieden, wie er – der beste Streiter des griechischen Heeres – sich vom Kampf fern hielt. Bei Homer ist nichts davon gesagt, daß Achill auf einem Stein am Wasser sitzt und mit der Angel in der Hand darauf wartet, daß ein Gründling anbeißt: Daumier transportiert die Nationalleidenschaft der Franzosen in die epische Zeit griechischer Helden, keine eigentliche Karikatur, sondern eine harmlose, fast liebenswürdige Travestie. Das Erzählerische herrscht dabei vor. Die Tatsache, daß es sich inhaltlich um ein Pendant zu Blatt 3 handelt, wird durch die Komposition bestätigt. Dabei wird deutlich, daß Daumier sorgfältiger und bewußter, als man gemeinhin annimmt, seine Lithographien strukturiert und auch innerhalb der Reihe aufeinander abstimmt. Agamemnons Zelt in der markanten Schräge steht im Bildraum an der gleichen Stelle wie in Blatt 3, nur gewissermaßen im entgegengesetzten – spiegelverkehrten – Sinn. Die Zelte des Heerlagers, die man auf Blatt 3 rechts im Hintergrund sah, befinden sich auf diesem Blatt – das die Sicht Agamemnons wiedergibt – von uns aus gesehen auf der linken Seite. Beide Graphiken zusammen machen dem Betrachter, wie bei einer Bildergeschichte, die räumliche Distanz zwischen dem Oberbefehlshaber des griechischen Heeres und seinem tüchtigsten Kämpfer deutlich.

9. *Achills Erziehung*

Der unerbittliche Cheiron machte jeden Morgen seinen widerspenstigen Schüler rasend. Ach! Wie viele Lehrer liegen unseren jungen Leuten in den Ohren und sind – nicht schuldlos – mehr als zur Hälfte dumm.

(*Ilias* – Philosophische Übersetzung von Monsieur Patin.)
(Das Wortspiel läßt sich im Deutschen nicht nachmachen. Die letzte Zeile heißt also auch: ›und sind – ohne Zentauren zu sein – mehr als zur Hälfte Tiere‹.)

Le Charivari vom 29. Mai 1842.

9. Achills Erziehung

*

Saturn verwandelte sich, um seine Liebe zu Philyra vor seiner Gattin zu verbergen, in ein Pferd; aus dieser Verbindung ist der Zentaur Cheiron hervorgegangen. Er wohnte auf dem durch seine Heilkräuter berühmten Berg Pelion in Thessalien. Von Apoll und Diana selbst unterrichtet, verstand er sich nicht nur auf die Heilkunde, sondern auch auf Jagd, Gymnastik, Musik und Weissagung. Hierin unterrichtete er mehr als zwei Dutzend der bedeutendsten Gestalten der griechischen Mythologie, darunter eben auch den jungen Achill, der später im Kampf um Troja eine so wichtige Rolle spielen sollte. Daumier beläßt die mythologische Naturkulisse, verwandelt jedoch den vielseitigen Lehrmeister Achills in einen dummen, pedantisch-griesgrämigen Schulmeister seiner Gegenwart. Auf sein Pferdehinterteil gestützt, dem eine Reitdecke aufgebunden ist, hat er sich den Schüler zwischen die Vorderhufe gestellt und dirigiert mit einem Stäbchen die Buchstabierübungen aus der Fibel. Unter den Arm, der das Buch hält, ist als böses Vorzeichen drohender Strafen eine Geißel geklemmt. Der Junge rauft sich das Haar, sein Gesicht ist von schierer Verzweiflung gekennzeichnet; er ist nackt in seiner ganzen Hilflosigkeit. Ein strahlender Achill wird dieser Unterweisung – trotz der großen Brille auf der Nase des Instruktors – nicht entspringen. Daumier kommt mit diesem Blatt auf einen wichtigen Hintergrund seiner *Histoire Ancienne* zu sprechen: die Diskussion um die humanistisch ausgerichtete Pädagogik der Zeit und ihre Bildungsfunktion.

10. Sokrates bei Aspasia

Ein Freund des Weines und der Mädchen, ließ Sokrates nach dem Essen seine Vernunft im Stich. Und wie ein Lastenträger bei liebenswürdigen leichten Mädchen tanzte er leichtfüßig seinen Cancan.

(*Scherzgedichte* von Monsieur Vatout.)

Le Charivari vom 5. Juni 1842.

10. Sokrates bei Aspasia

*

Noch Heinrich Manns Professor Unrat – im gleichnamigen Roman – berief sich auf die freie Lebensart der Aspasia und einen ihrer renommierten Liebhaber, wenn er sich, von den Gymnasiallehrerkollegen geschnitten und vom Schuldirektor zur Rede gestellt, in seiner verschraubten, mit eingeschliffenen Übersetzungswendungen durchsetzten Ausdrucksweise wie folgt zur Wehr setzte: »Herr Direktor, der Athenienser Perikles hatte – traun fürwahr – die Aspasia zur Geliebten.« Auch Sokrates zog es an die Stelle dieser aus Milet gebürtigen, in Lebensauffassung und Bildung von den ortsansässigen attischen Frauen abstechenden Dame und suchte hier Entspannung vom Ärger, den er zu Hause mit der ihm angetrauten Xanthippe hatte. Dieses Eheverhältnis lieferte eine Fülle von Anekdoten, in denen sich der Gegensatz von Idee und Realität im Leben des Philosophen beleuchten ließ. Doch Sokrates ist – nach Daumier – nur aus dem Regen in die Traufe gekommen. Er wird durch Aspasia mit drohend erhobenem Geigenbogen zum Tanzen abgerichtet, obwohl ihm in seinem Alter und bei seiner Körperfülle die rechte Grazie nicht mehr recht glücken will. In ihrer bestimmenden Haltung ist die Tanzmeisterin jenem Typus sich von der Männerherrschaft befreiender Frauen angeglichen, den Daumier zeitlich etwa parallel zu seiner *Histoire Ancienne* in zahlreichen Karikaturen satirisch belichtet hat.

11. Das Schwert des Damokles

Du brauchst Dich heute nicht zu beklagen, daß die Messer zum Essen fehlen, sagte der Tyrann voller Freundlichkeit. Meiner Treu, meinte Damokles, wenn das ein Kalauer sein soll, dann finde ich die Pointe ziemlich abscheulich.

(Akademisches Titulum von Monsieur Patin.)

Le Charivari vom 12. Juni 1842.

11. Das Schwert des Damokles

*

Damokles entdeckte während eines Gastmahls, zu dem ihn Dionysius, der Tyrann von Syrakus, eingeladen hatte, ein über seinem Haupt an einem einzigen Haar aufgehängtes Schwert. In ihm symbolisiere sich, antwortete man ihm auf seine Frage nach dem Sinn dieser Vorrichtung, die ständige Furcht des Gastgebers vor Aufstand oder Meuchelmord. Die Geschichte ist schon in der Antike sprichwörtlich gewesen für eine unbemerkte, unablässig drohende Gefahr. Daumier rekurriert auf die gastronomische Basis der Erzählung und verlegt sie in ein normales Gastlokal. Ein Stück Fleisch ist serviert worden, aber das Besteck fehlt. Da ruft der Gast den Wirt herbei. Zwischen beiden, die in ihren Gesten anschaulich kontrastieren – dieser breitet die Arme aus, gibt seiner Verwunderung Ausdruck und läßt dabei den Blick zur Decke schweifen, jener nähert sich mit verschränkten Armen, die unterwürfige Dienstbarkeit heucheln sollen, während sein stechender Blick auf Tafel und Teller fixiert ist –, hängt vom Plafond herab das Schwert und interpretiert den streitbaren Zusammenhang: Mit seiner Spitze zielt es auf die offene Brust des Gastes, vielleicht aber auch nur – und mit mehr Recht – auf das etwas zäh gebliebene Stück Fleisch, zu dem das Messer fehlt.

12. Eine Begegnung frohgelaunter Auguren

Die Auguren, so sagt man, konnten sich nie begegnen, ohne über ihre Schläue vielsagend zu lächeln. Unsere Industriekapitäne dagegen gehen ernst und ohne eine Miene zu verziehen miteinander um.

(Viennet, *Neue Mythologie.*)

Le Charivari vom 19. Juni 1842.

12. Eine Begegnung frohgelaunter Auguren

*

Daumier stellt das bereits in der Antike berüchtigte Augurenlächeln dar. Die Auguren waren Priester im antiken Rom, die bei allen wichtigen Staatshandlungen den Willen der Götter, meist durch den Vogelflug, deuteten. Cato hatte das Wort vom Augurenlächeln anläßlich der Haruspices, die eine ähnliche Funktion im römischen Staat hatten, geprägt und damit das Lächeln der Eingeweihten gemeint, die sich über die Leichtgläubigkeit der Menge lustig machten. Man hatte also schon in der Antike – wohl auch wegen des politischen Mißbrauchs – die Auguren als Schwindler entlarvt und sogar ihr Amt abgeschafft. Der Bildtext bezeichnet unter einem fingierten Namen die Auguren als die Industriekapitäne der Gegenwart, die im Juli-Bürgertum von dem aufkommenden Industrialismus profitieren und dabei humorlos – ungleich den lächelnden Auguren – die Menge betrügen. Ohne die Legende wäre eine Deutung der Lithographie in diesem Sinne nicht möglich. Daumier nimmt wie in vielen anderen Blättern der *Histoire Ancienne* den schon in der Antike zu findenden satirischen Ansatz auf und zeichnet die zwei Priester in dem immer komisch wirkenden Gegensatz von dick und dünn auf dem Hintergrund einer knapp angedeuteten antiken Stadtlandschaft. Ihr Lächeln verrät eine schier unübertreffliche fratzenhafte Selbstgefälligkeit.

13. Die Entführung der Helena

Paris aus Liebe lag auf der Nase,
Völlig ermattet raucht' er Zigarre
Helena im Bilde hob ohne Warnung
Paris auf ihre robusten Arme.
(*Äneis*, travestiert von Monsieur Patin.)

Le Charivari vom 22. Juni 1842.

13. Die Entführung der Helena

*

Daumier inszeniert die Umkehrung des antiken Berichts, denn natürlich war es Paris, der die Entführung der Helena arrangierte, nachdem er – mittels des bekannten Zankapfels – den Schönheitsstreit unter den Göttinnen Hera, Athena und Aphrodite zugunsten der letzteren entschieden hatte und ihm dafür das ›schönste Weib‹ in Aussicht gestellt worden war: Hier ist es Helena, die die Gelegenheit beim Schopfe greift. Schon etwas in die Jahre gekommen und nicht gerade eine verführerische Erscheinung, der man ihre Abstammung von Zeus (in der Gestalt eines Schwanes) und der Leda ansehen könnte, hat sie sich – während Menelaos auf Reisen ist – den Gastfreund geschultert und schleppt ihn zum Strand, wo schon das Schiff wartet, das beide nach Troja tragen soll. Paris verharrt noch ganz in der Pose, in der er es sich als Gastfreund des Hofes von Sparta auf seinem Diwan – bei einer Zigarette – bequem gemacht hatte, als er durch seine Entführung überrascht wird. Das entspricht in der Personen-Charakterisierung dem Bericht Homers, der den entführten Entführer als schön und verweichlicht, aber doch nicht gerade als einen so der Ruhe pflegenden Lebemann gezeichnet hatte. Im Kontrast dazu trägt er gemäß der Weissagung, er werde einst ganz Griechenland den Phrygern unterwerfen, die phrygische Mütze: ursprünglich Kopfbedeckung eines kleinasiatischen Seeräubervolkes, bei den Römern zum Freiheitssymbol entwickelt und so von den Jakobinern in der Revolution von 1789 aufgenommen, deshalb Jakobinermütze genannt. Über dieses Symbol und über die Namensgleichheit des antiken Helden mit der französischen Metropole sind Konnotationen gegeben, die dem Zeitgenossen eine politisch-aktuelle Lesart der Karikatur erlaubten.

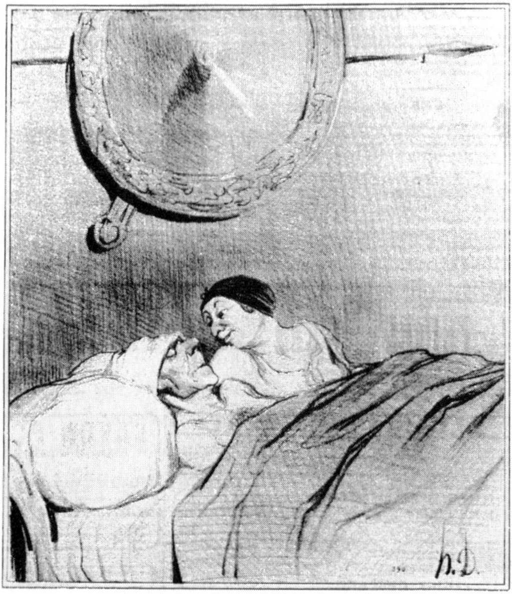

14. Odysseus und Penelope

Züchtig ausgestreckt auf ihrem keuschen Lager waren endlich die beiden Gatten wieder vereint. Und als Odysseus schnarchte, raubte ihm Penelope aus Liebe einen Kuß von den Lippen.

(Scherzhafte Werke von Monsieur Vatout.)

Le Charivari vom 26. Juni 1842.

14. Odysseus und Penelope

*

Die dargestellte Szene knüpft an die *Rückkehr des Odysseus* (vgl. Abbildung 7) an und schließt sie ironisch ab. So viel hatten beide erleiden müssen, um sich ihre Ehre zu erhalten und wieder zusammenzukommen: Wohin ihn wilde Winde und wildes Wasser auch trugen, Odysseus hatte Penelope fest in seinem Herzen behalten, und Penelope wiederum hatte ihrem fernen Gatten die Treue gewahrt, wie wild auch die Freier um sie buhlten (vgl. Abbildung 6). Diese fordert nun der Heimkehrer unter der Maske des Bettlers zum Zweikampf heraus: Er flüsterte Penelope ein, ein Bogenschießen zu arrangieren und sich dem Sieger als Preis darzubieten. Aber keinem gelang es, auch nur den Bogen des Odysseus zu spannen und erst recht nicht den Pfeil durch die Löcher von zwölf hintereinander aufgestellten Äxten zu schießen. Erst Odysseus selbst vollbrachte, nachdem alle gescheitert waren, dieses Kunststück, tat sich mit seinem Sohn Telemachos und zwei ihm noch ergebenen alten Sklaven – dem Sauhirten Emaios und dem Rinderhirten Philoitios – zusammen und tötete die Freier allesamt. Jetzt gab er sich der Gattin und dem betagten Vater zu erkennen. Das Ganze hat ihn aber doch so geschlaucht, daß er – kaum dem ehelichen Bett zurückgegeben – dem Morpheus in die Arme fällt. Penelope muß sich vorderhand mit dem schmachtend-skeptischen Blick ins Antlitz des Schlafenden oder – sollte sie selbst den Kopf ins Kissen werfen – mit dem Blick auf Schild und Lanze des Odysseus, die über dem Bett aufgehängt sind, begnügen. Daumier knüpft mit dieser Lithographie an die Bilder der Serie *Mœurs Conjugales (Ehesitten)* an, in denen er 1839/40 ein wenig schmeichelhaftes Bild vom inneren Zustand dieser bürgerlichen Institution entworfen hatte.

15. Äneas und Dido

Ein schützender Nebel verdunkelte den Himmel, und da sie beide ohne Regenschirm waren, führte Äneas seine Freundin in eine dunkle Grotte und erlebte an diesem schönen Tag die Krönung seiner Leidenschaft.

(*Äneis*, in der berichtigten Fassung von Monsieur Villemain.)

Le Charivari vom 3. Juli 1842.

15. Äneas und Dido

*

Äneas, Sohn der Venus und des Anchises, ist der mythische Held, der Troja verteidigt und schließlich den Vater aus der brennenden Stadt auf der Schulter tragend gerettet hat. Er war von den Göttern dazu bestimmt, Italien zu gründen und wurde von den Römern als Gott verehrt. Aber er und seine Freunde mußten sieben Jahre lang auf den Meeren fahren, bevor sie in Latium ankamen. Eine der letzten Etappen war Karthago, wohin Juno, die erbitterte Feindin der Trojaner, Äneas verschlagen hatte, indem sie einen großen Sturm entfachte. Dido, die Königin Karthagos, verliebte sich in ihn, wollte ihn heiraten und sogar zum König dieser afrikanischen Stadt machen. Daumier schildert den Moment vor der Liebeserfüllung. Seiner satirischen Intention getreu, wird der Augenblick der Liebe nicht durch eine idyllische Landschaft gesteigert: Die Natur steht in Kontrast zu den hochgestimmten Gefühlen des Paares. Ein durch die Schraffur sehr plastisch angedeuteter Platzregen läßt sie Zuflucht suchen in der Grotte, deren dunkle Öffnung links am Bildrand erscheint. Die beigefügten Verse stellen einen kausalen Zusammenhang zwischen dem Regen und der bevorstehenden Erfüllung der Liebe her, da Äneas, der helmbedeckte Krieger, seiner Dame nicht den Schutz eines Regenschirms gewähren könnte, wie es ein Kavalier aus Paris getan hätte. Eine solche Deutung geht über den visuellen Tatbestand hinaus. Daumier karikiert das Paar, indem er Äneas, der schützend den Arm und einen Teil seines Mantels um Dido legt und ihre Rechte zartführend am Gelenk hält, mit einer langen Nase versieht, die ihn keineswegs als den großen, idealisierten Helden erscheinen läßt. Dido, eine Dame in fortgeschrittenem Alter, himmelt mit einfältiger Miene den Helden ihrer Wahl an.

16. Der Faden der Ariadne

Während Krieger normalerweise an der Spitze des Pelotons marschieren, marschierte Theseus als königlicher Sproß hinter dem seinigen her, um sich aus der Klemme zu ziehen.

(Gleichnis von Monsieur Cuvillier Fleury.)

(Anm. d. Übers.: Das Wortspiel beruht auf der doppelten Bedeutung von ›peloton‹ = Unterabteilung eines Bataillons *und* Knäuel.)

Le Charivari vom 2. Juli 1842.

16. Der Faden der Ariadne

*

Das ist nicht die dunkle Felsenhöhle auf Kreta, in deren wirren Gängen der menschenfressende Minotaurus haust, sondern eine modern-französische Garten- und Parklandschaft, auf deren Wegen Theseus den Fadenknäuel auf- bzw. abrollt, den ihm – der alten Sage nach – Ariadne geschenkt hat, um ihn aus den Fängen des Ungeheuers zu erretten: Ihm mußten die Athener – zur Strafe, daß sie den Sohn des Kreterkönigs Minos erschlagen hatten – alljährlich den Tribut von sieben Jungfrauen und sieben Jünglingen entrichten. Theseus hatte, ehe er sich freiwillig zur fälligen Tributzahlung meldete, um den Minotaurus zu töten und damit die Athener aus Schimpf und Schande zu befreien, bereits die ersten Heldentaten hinter sich gebracht: Unter einem schweren Felsen hatte er sich das Schwert seines Vaters Ägeus hervorgeholt und damit Räuber, Riesen und sogar die sogenannte krommyonische Sau, ein Wildschwein, das in der Nähe von Korinth hauste und viel Schaden anrichtete, mit bloßen Händen erwürgt, hatte den Stier von Marathon bezwungen, eine Hinterlassenschaft des Herakles. Er wird deshalb nicht nur als schön – was die spontane Leidenschaft der Ariadne erklärt –, sondern stets auch als besonders stark und wehrhaft beschrieben: Seine Augen glänzen wie Feuer. Davon ist bei Daumier nicht viel übriggeblieben: Der Helm mit dem Federbusch steht in Kontrast zur insgesamt schlappen Erscheinung, die der im Gesäß hängende Säbel beim Gehen hindert. Der jugendliche Held scheint aber auch gar nicht sonderlich interessiert, raschen Anschluß an seine Truppe – wohl eine Ausflugsgesellschaft, die längst auf einer Anhöhe mit Tempelchen und schönem Rundblick angelangt ist – zu finden.

17. Äneas in der Hölle

Entsetzen! Er bemerkt die Frau, die ihn mit einem Dolch im Herzen und mit Augen voller Erregung anbetet. Eine entzückende Gebärde, die die Scham verschönt, begleitet ihre Worte: »Geliebter Freund, ich pfeif' auf Dich!«

(*Äneis*, in der Übersetzung von Monsieur Trognon.)

Le Charivari vom 15. Juli 1842.

17. Äneas in der Hölle

*

Dieses Blatt schließt die kleine Folge der Liebesgeschichte von Äneas und Dido ab. Die Begegnung der beiden findet in der Unterwelt statt. Bei Daumier, wie der Titel der Lithographie zu verstehen gibt, ist es nicht der Hades, in den der trojanische Held nach der Tradition der Legende hinabgestiegen ist, sondern die Hölle, mit der sich die christliche Vorstellung der sündigen Seelen verbindet, die Buße tun müssen. Das trifft auf Dido zu. Sie hatte sich, als Äneas sie verließ, in ihrer Verzweiflung den Tod gegeben, also Selbstmord begangen. Äneas, wie in den vorausgehenden Blättern mit großer Nase und mondänem Schnurrbart dargestellt, erstarrt, als er die einst geliebte Frau erblickt: Seine Augen treten ihm aus dem Kopf und unwillkürlich spreizen sich seine Hände. Was er sieht, ist in der Tat geeignet, ihn das Gruseln zu lehren. Mit weit ausladender, theatralischer Geste, als wäre sie von Sinnen, tritt Dido ihm entgegen und schaut ihm tief in die Augen, vorwurfsvolle Verkörperung seines schlechten Gewissens. Grotesk ist das Detail des Schwertes, mit dem sie sich durchbohrt hat: Wie bei den weißen Frauen und umgehenden Gräfinnen in den Schauer- und Gespensterromanen der Zeit ragt es ein gutes Stück aus ihrem Rücken heraus. Im Hintergrund wandeln – als komische Alte – andere arme Seelen. War Didos Gestalt in der Vorstellung der Antike und des humanistisch gebildeten Publikums der neueren Zeit die Verkörperung der liebenden Frau, die den Tod einem Leben ohne den geliebten Mann vorzieht, so verkehrt Daumier diese Idealität in eine Trivialität, die durch ihre Worte, wie sie der Bildtext wiedergibt, unterstrichen wird.

18. Bonmot der Zeit

Was macht denn Diogenes mit einer Laterne? fragten sich Dandys mit elegantem Auftreten. Meine Herren, ich suche einen Menschen, und mit meinen lahmen, trüben Augen sehe ich ihn nicht. Diese Antwort ärgerte sie sehr.

(Poetischer Essay von Monsieur de Rambuteau.)
(Anm. d. Übers.: Das Wortspiel mit den Homonymen ›lent terne‹ – lahm – und ›lanterne‹ – Laterne – läßt sich im Deutschen nicht nachahmen.

Le Charivari vom 10. Juli 1842.

*

Die Hauptgestalt, die die Bildkomposition beherrscht, ist die Figur des Diogenes von Sinope (um 412–323 vor Christus), die markanteste Gestalt des späteren Kynismus. Von der sokratischen Selbstgenügsamkeit herkommend, tendierte seine Philosophie zur Askese. Diogenes war ein Mann von Witz und großer Schlagfertigkeit. Die Anekdote, auf die hier angespielt wird, hat seine tiefe Menschenverachtung zum Gegenstand, die er in Athen öffentlich zur Schau stellte. Am hellichten Tag eilte er mit einer erleuchteten Laterne in der Hand suchend durch die Straßen und erklärte jedem, der es wissen wollte: »Ich suche einen Menschen.« Die witzig sein wollenden schlechten Verse von de Rambuteau transponieren die Figur des antiken Philosophen in die Moderne. Dabei setzt der Dichterling Diogenes in Gegensatz zu jenen Dandys und Stutzern, die sich nach dem Vorbild des englischen Modekönigs George Brummel kleideten. Barbey d'Aurevilly hatte die französische Variante des Dandysmus aus dem ennui (Weltschmerz) zu erklären gesucht und als vorherrschende Charakterzüge Blasiertheit und Heuchlertum hervorgehoben. Die Transformation, die der Karikaturist vornimmt, betrifft die Gestalt des Diogenes selbst. Er stellt ihn als einen Lumpensammler dar, wie sie zu Daumiers Zeiten die Straßen der französischen Städte durchzogen. Der wie der Stock zur traditionellen Silhouette gehörende Tragkorb ist mit einem Plakat versehen, auf dem Daumier seine Pointe angebracht hat: »Philosophische Lumpen«. Der Begriff ›loques‹ wird noch heute im übertragenen Sinn auf verweichlichte Menschen angewandt. An diesem gewissermaßen literarischen Punkt seines Blattes nimmt Daumier die Legende auf.

19. Die Jugend des Alkibiades

Der Dandy, aufgeputzt und mit einem Heiligenschein, von Blumen umgeben, wohlgeformt und verwegen, stattlich von Erscheinung, hielt eines schönen Tages seine Spötter zum Narren, indem er seinem Pudel den Schwanz abschnitt.

(*Griechische Ballade* von Herrn Théophile Gautier.)
(Das Wortspiel ›faire la queue à quelqu'un‹ wörtlich übersetzt: ›jemandem einen Schwanz machen‹, d. h. »jemanden zum Narren halten«, kann nicht ins Deutsche übersetzt werden.)

Le Charivari vom 17. Juli 1842.

19. Die Jugend des Alkibiades

*

Alkibiades (um 450–404 vor Christus) war Feldherr und Politiker in Athen. Hochbegabt und ehrgeizig, suchte er in den Staatsgeschäften skrupellos den eigenen Vorteil. In seiner Jugend führte er manchen wilden Streich aus, der seine Schadenfreude und seinen geistreichen Witz offenbarte; er schreckte aber auch nicht davor zurück, die öffentlichen Sitten dreist zu verhöhnen. Daumier nimmt diesen historisch belegten, aufreizenden Charakterzug des Griechen zum Ausgangspunkt seiner Satire: Alkibiades stolziert auf Zehenspitzen einher, mit einem auf dem Boden schleppenden Gewand; wer nur den unteren Teil dieser Gestalt anschaut, muß denken, daß er eine Frau vor sich hat, vielleicht eine Ballerina – eine Spitze gegen den effeminierten Charakter dieses Gecken. Daumier karikiert den Stutzer, der voller Preziosität die Linke mit gespreizten Fingern auf die Hüfte stützt und provokativ seinen athenischen Mitbürgern den Rücken zuwendet, mit der Rechten ein Monokel vors Auge hält und dabei impertinent aus dem Bild herausschaut. Alkibiades' Häßlichkeit – einer seiner Mundwinkel ist hoch, der andere nach unten gezogen – unterstreicht diese Satire auf die Blasiertheit, Borniertheit und zugleich auch falsche Vornehmheit eines Gecken überhaupt. Unter dem Mantel der antiken Figur kritisiert Daumier die zeitgenössische Erscheinung des Dandy. Er karikiert die aus dem Adel, aber auch aus dem wohlhabenden Bürgertum oder dem Kreis der Künstler stammenden Exzentriker, die um jeden Preis Aufsehen erregen wollten. 1845 wird Barbey d'Aurevilly ein Buch *Du Dandysme* publizieren. Gautier gehört mit »Il faut épater le bourgeois« (»Man muß den Bürger verblüffen«) in diese Tradition; wahrscheinlich deshalb steht er als fingierter Autor.

20. Alexander und Diogenes

Der Weise, der in der schlichten Aufmachung eines Landstreichers sein Pfeifchen rauchte und vor sich hin döste, sagte dem ihn betrachtenden Helden: »Troll' Dich aus meiner Sonne!«

(Lied von Monsieur Eugène Sue.)

Le Charivari vom 14. August 1842.

20. *Alexander und Diogenes*

*

Die in Blatt 18 gegebene Charakterisierung des Philosophen bildet eine Voraussetzung für die Interpretation dieser Lithographie. Diogenes zog bekanntlich als Wanderlehrer umher und war somit eine Person, die den konventionellen Vorstellungen der Gesellschaft von der Seßhaftigkeit widersprach; er lebte eine Zeitlang in einer Tonne und dokumentierte damit seine Genügsamkeit. Der Karikaturist verzichtet auf dieses Requisit, wenn er jene Anekdote aufgreift, die davon berichtet, daß Alexander den Philosophen in Korinth vor seiner Tonne besuchte. Der als größter Herrscher der antiken Welt bekannte Alexander soll von der Armut des Philosophen so gerührt gewesen sein, daß er ihm die Erfüllung eines Wunsches versprach. Aber Diogenes blieb seiner Philosophie treu und widerstand der Versuchung. Er äußerte nur einen einzigen, bescheidenen Wunsch, der freilich dem Herrscher wie ein Affront vorkommen mußte: Er bat ihn, doch aus der Sonne zu gehen... Durch die humoristische Illustration der Anekdote scheinen hier, wie in anderen Blättern, die gesellschaftlichen Verhältnisse um die Mitte des vergangenen Jahrhunderts durch, und es ist durchaus wahrscheinlich, daß Daumier einige aktuelle satirische Seitenhiebe austeilt. Gekennzeichnet durch den Helmbusch soll Alexander als Träger der Macht und des Königtums gesehen werden, das im 19. Jahrhundert vom Bürgertum gestützt wurde. Der Repräsentant der Bohème, dieser faul daliegende, die Sonnenwärme wohlig genießende Clochard, würdigt den Herrscher keines Blickes. Er drückt damit ohne handgreifliche Aggressivität aus, daß er nicht bereit ist, dem Großen dieser Welt Respekt zu zollen und macht ihm deutlich, daß auch seine Macht begrenzt ist.

21. Marius zu Minturnae

Bewundert die Gerissenheit des großen Generals! Als er merkt, daß man ihn gleich schnappen würde, schlägt er sich ins Schilf und läßt sich in den Sumpf gleiten. Dort in der Sicherheit des schön-getönten Schlammes lacht er sich ins Fäustchen.

(Historischer Kalauer von Monsieur de Rothschild.)
(›Marais BON TEINT‹ bedeutet ›guter getönter Sumpf‹. Es besteht eine – nicht sehr saubere – Übereinstimmung in der Aussprache mit ›Marais Pontins‹, den ›pontinischen Sümpfen‹).

Le Charivari vom 25. August 1842.

21. Marius zu Minturnae

*

Gaius Marius (156–68 vor Christus) war römischer Feldherr und mehrere Male Konsul. Er heiratete Cäsars Tante Julia und fand in dieser Verbindung eine Stütze für sein ehrgeiziges und skrupelloses Machtstreben. Als es zum Streit mit dem Feldherrn Sulla um den Oberbefehl über das Heer und um die Macht im Staat kam, zog Marius den kürzeren. Sulla führte die Armee gegen Rom, und Marius mußte fliehen. Er wurde zum Staatsfeind erklärt, man setzte sogar einen Preis auf seinen Kopf; als er per Schiff floh, mußte er wegen eines Sturmes bei Minturnae an Land gehen und setzte dort die Flucht zu Fuß fort. Als er den Lärm seiner Verfolger hörte, zog er seine Kleider aus und sprang in den Sumpf. In dem zähflüssigen, schlammigen Wasser wurde er bald entdeckt und nackt und schlammbedeckt in den Kerker von Minturnae gebracht. Das Schicksal des großen Feldherrn galt schon in der Antike als Beispiel für das Wirken der Fortuna, die die Großen von der Höhe des Ruhmes und der Macht in das tiefste Elend stürzt. Den Gesetzen seiner Gattung treu, wählt Daumier aus dem Leben des Feldherrn den Augenblick, der ihn in der erbärmlichsten Situation zeigt: ohne alle Insignien der Macht – Helm, Schwert, Rüstung – und vor allem ohne Pferd, auf dem die Feldherren einherzuziehen pflegten und sich darstellen ließen. – Daumier will die Komik der Situation auskosten; aber es ist keine harmlose Komik, die den Betrachter zum freien Lachen einlädt: Der Karikaturist gibt den Feldherrn vielmehr in einer häßlichen Verzerrung. Man sieht nur den Kopf, der aus dem dreckigen Sumpf herausragt, und während man sonst zu den Standbildern hinaufblickt, darf hier der Betrachter von oben nach unten auf den besiegten Mann mit seiner garstigen Fratze schauen.

22. Die Taufe des Achilleus

Wie man eine Kriegswaffe stählt, so verfuhr Thetis, die aus ihrem Knirps einen Helden machen wollte: Sie tauchte ihn in den Styx, sobald er das Licht der Welt erblickte; was beweist, daß ein Bad bei jeder Gelegenheit gut ist.
(*Die Einflüsse der Bäder*, Gedicht von Monsieur Vigier.)

Le Charivari vom 28. August 1842.

22. Die Taufe Achills

*

Daumier greift eine Episode aus der Kindheit des Achill auf, wie sie sich im nachhomerischen Sagenkreis ausgeprägt hat. Nach einem Schicksalsspruch konnte Thetis nur einen Sohn gebären, der mächtiger und stärker als sein Vater werden mußte. Ein göttlicher Freier nach dem anderen wandte sich deshalb von der Nereus-Tochter ab. Sechs Söhne, die aus der Verbindung mit Peleus, König im thessalischen Phthia, hervorgegangen waren, tötete Thetis unfreiwillig bei dem Versuch, sie im Feuer oder im siedenden Wasser von den Schlacken ihrer Sterblichkeit zu reinigen. Beim siebten Sohn – Achill – überraschte sie Peleus; sie tauchte das Kind deshalb in die Fluten des Styx, des Stromes, der sich durch die Unterwelt ergoß, um ihm auf diese Weise Unsterblichkeit zu verschaffen. Dabei blieb der Knabe an der Ferse vom Wasser unberührt, also verwundbar, wie dann das spätere Schicksal des Helden vor Troja zeigen sollte. Bei Daumier ist der erste Effekt des Styx-Bades alles andere als strahlend: Mit Blick und Haltung einer Wäscherin prüft Thetis erstaunt den schwarzgewaschenen, in sich verkrümmten Sohn, den noch dazu ein Krebs in die Nase gebissen hat. Der Styx erweist sich so im ganz konkreten Sinn als jenes Wasser des Grausens, als welches es sonst in der antiken Mythologie bekannt ist: Bei seinem Namen schworen die olympischen Götter und wurden mit Verlust der Unsterblichkeit bestraft, wenn sie einen Meineid leisteten; Metalle – sogar Gold – wurden von ihm zerfressen; getrunken, brachte es Krankheit oder Tod; es war auch tatsächlich schwarz, wie wir aus der Geschichte der Demeter wissen, die ihm aus Verdruß diese Farbe gab, als sie sich in ihm in der Mißgestalt eines Pferdes gespiegelt sehen mußte.

23. Der schöne Narziß

Er war jung und schön, und mit ihrem sanften Odem liebkosten die Zephire seine reizenden Konturen, und im Spiegel der Quellen betrachtete er liebend gern – wie wir – seine Gesichtszüge.

(Intimer Vierzeiler von Monsieur Narcisse de Salvandy.)

Le Charivari vom 28. August 1842.

23. Der schöne Narziß

*

Nach Ovids *Metamorphosen* ist Narziß der Sohn des Flußgottes Cephissus und der Nymphe Liriope. Der greise Seher Teiresias weissagte dem Kind langes Leben, wenn es sich nie selbst sehen würde. Der heranwachsende Jüngling wurde von vielen Wasser- und Bergnymphen geliebt, aber sie alle blieben ohne Gegenliebe. Besonders entbrannte die Nymphe Echo, der Juno die eigene Sprache genommen hatte, in heißer Liebe zu ihm, doch auch sie wurde abgewiesen. Sie zog sich in die Wälder zurück und verzehrte sich in ihrem Liebesschmerz, bis nichts von ihr übrigblieb als der Echo-Effekt, den sie ab und zu in Felsenklüften erklingen ließ. Die verschmähten Liebenden forderten die Götter zur Bestrafung des Narziß auf. Die Rachegöttin Nemesis ließ den Liebe-Verächter auf einem Jagdausflug an eine Quelle geraten und – als er seine Hitze löschen wollte – in ihr sein Spiegelbild erblicken: Er verliebt sich in das ihm unbekannte Antlitz und vergeht in ungestillter und unstillbarer Sehnsucht. An der Stelle, an der sich dies ereignete, sproß eine Blume auf, die wir noch heute – nach ihrem Vorbild in der antiken Mythologie – Narzisse nennen. Für die Selbstliebe des Narziß ist nach Daumier kein rechter Grund gegeben: Es ist die Grimasse der Eitelkeit, die sich hier im Wasser zur Fratze steigert. Dabei ist Narziß dürr und, wie die Berlinerin sagt, spak von Gestalt: Für die Liebesstellung, in der er lächelnd verharrt, hat er keine Partnerin; so bleibt ihm zu seiner Befriedigung auf dem nackten Fels nur das ›Echo‹ seiner selbst, das sich ihm im Wasser zeigt.

24. Die Mißachtung Ariadnes

Am Ufer neben ihrer Weinrebe sagte sie sich an diesem Tage: ›Mich über die verlorene Liebe hinwegzutrösten, ist es Zeit, daß Bachus kommt.‹

(Herzenspoesie von Mademoiselle Fl.)

Le Charivari vom 4. September 1842.

24. Die Mißachtung Ariadnes

*

Unterschiedliche Gründe werden aufgeführt, weshalb Theseus nach seinem Abenteuer auf Kreta, das er glücklich mit der Tötung des Minotauros abgeschlossen hatte, das Mädchen, das sich ihm hingegeben, sich gegen den königlichen Vater gewandt und ihm – mit Hilfe des sogenannten Ariadnefadens – das Leben gerettet hatte, nicht mit nach Athen zurücknahm, sondern auf der Insel Naxos sitzenließ, damit ein bildnerisches und literarisches Motiv schaffend, das immer wieder in Kunst und Dichtung – bis herauf zu Hugo von Hofmannsthal – aufgegriffen worden ist. Er habe es aus Treulosigkeit getan, heißt es, weil er schon wieder anderweitig verliebt gewesen sei, Athene habe ihn so bestimmt, sagen andere, oder widrige Strömungen und Winde werden angeführt, die ihn von der Insel abgetrieben hätten, auf der er die schwangere, von den Strapazen der Schiffahrt erschöpfte Ariadne eben kurz einmal abgesetzt hatte. Wie auch immer: Das dumme betrogene Kind sitzt nun am Strand und hat, wie desperat es auch dreinschauen mag, das Nachsehen. Es wird denn auch – nach einem Sagenstrang – berichtet, daß Ariadne aus Verzweiflung ihrem Leben ein Ende gesetzt habe oder – in mythologisierender Umschreibung – von Artemis getötet worden sei, weil sie ihre Jungfernschaft preisgegeben hatte. Daumier deutet mit der symbolischen Hintergrundsszenerie an, daß er sich einer dritten Sagenversion anschließt, nach der ihr bald Trost werden sollte: Die Rebstöcke hinter ihrem Rücken mit den reifen Trauben signalisieren, daß sich der Weingott ihr nähern, und sie, von ihrer wiedererblühten Schönheit entzückt, zu seiner Gattin machen wird.

25. Herkules, von der Liebe gezähmt

Dieser böse Gott, der in seinem Triumphzug alles unterwirft – Könige, Schäfer, Helden und Abgeordnete – unterbricht Alcides gefürchtete Taten, um ihn an Omphales Füße zu ketten.

(Galantes Poem von Monsieur Sauzet.)

Le Charivari vom 18. September 1842.

25. Herkules, von der Liebe gezähmt

*

Die Affäre mit der Lydierkönigin Omphale gehört in die letzte Gruppe der langen Kette von Abenteuern des Herkules. Nach einem Zweikampf mit Apollo, den Zeus durch seinen Blitzstrahl trennt, erhielt Herkules durch den Spruch des Orakels die Auflage, für drei Jahre in die Sklaverei zu gehen und die Summe, die sich bei seinem Verkauf als Sklave erlösen ließe, an Eurythus zu zahlen, dessen Sohn Iphytos er getötet hatte. Hermes verkaufte ihn an die lydische Königin Omphale. Während sie sich mit der Löwenhaut und Keule des stattlichen Helden ausstaffierte, begann er, sich als Weib herauszuputzen, setzte sich an den Spinnrocken und tanzte im Harem. Bei seinen Scharmützeln in Lydien, die er dennoch nicht lassen konnte, geriet Herakles mit den Kerkopen aneinander, listigen, kleinen Kobolden, die darauf aus waren, ihm seine Waffen zu rauben. Daumier läßt diesen Diebstahl gelingen und stattet einen dieser Kerle, den er als Amor aufzieht, mit der gewaltigen Herkuleskeule aus. Durch das eigene Kampfinstrument eingeschüchtert, läßt sich der muskelbepackte Held – bei der Nase gezogen – wie ein dressiertes Tier vorführen. Die ganze Körperhaltung läuft auf einen Kniefall hinaus, den er gleich vor Omphale vollführen wird. Ums Eck hinter eine Säule setzt Daumier die hagere, schon in den Jahren befindliche Dame in ein Louis-Philippe-Sofa, den Blick erwartungsvoll auf die hereinbrechende Szene gerichtet, die herabhängende Rechte mit der rotierenden Spindel – deren Faden seit altersher die Lebenszeit symbolisiert – beschäftigt. Die unterschiedlichen Blickfixierungen der Figuren untereinander und die ausgeprägte Sprache ihrer Hände geben dieser Lithographie ihren erzählerischen Reiz.

26. Die Ställe des Augias

Sich zum ›Saubermann‹ machen, das ist – beim Herkules – ein Ziel, das sich nicht leicht besingen läßt. Aber – wie sagt das Sprichwort: Über Geschmäcker und Farben läßt sich schlecht streiten.

(Unveröffentlichter Kalauer von Monsieur Delessert.)
(Der Kalauer besteht darin, daß die Verbindung der Vokabeln ›Des goûts‹ im Sprichwort vom Hörer auch so verstanden werden kann, wie es hier geschrieben ist ›d'égoûts‹, d. h. der ›Abwässerkanäle‹).

Le Charivari vom 25. September 1842.

26. Die Ställe des Augias

*

Im Vollzug des Orakels der Pythia hat Herkules nach der Willkür des Königs Eurystheus von Mykene schon eine Reihe kühner Taten vollbracht: So war ihm mit bloßen Händen die Tötung des mit Waffen unverwundbaren Löwen von Nemea gelungen, hatte er den Sieg über die neunköpfige Hydra erfochten, der an Stelle eines abgeschlagenen Hauptes stets zwei neue nachwuchsen, hatte er die stymphalischen Vögel erlegt, menschenfressende Ungeheuer mit eisernen Federn, Krallen und Schnäbeln etc. Nach Elis entsandt, stellt sich ihm nun mit der Ausmistung der weitläufigen Stallungen des Augias – unter insgesamt zehn – die fünfte Aufgabe. Sie ist zunächst vor allem stinkender Natur: Die dreitausend Rinder – nach Daumier handelt es sich um Pferde – stehen bis an die Knie im eigenen Mist. Herkules treibt das Vieh ins Freie, leitet die Flüsse Alpheus und Peleus um und schwemmt mit ihrer Hilfe binnen eines Tages – das eben war die Auflage – den ganzen Unrat davon. Von dieser glücklichen Idee hat er freilich in dem Augenblick, in dem ihn Daumier fixiert, noch keine rechte Ahnung: Entsetzlichen Gestank in der Nase, stiert er eher betäubt und ratlos vor sich hin, freilich schon dumpf von der Unbrauchbarkeit seiner Ausrüstung überzeugt. Und erst recht weiß er nicht, daß ihm der König dieses Abenteuer – wie übrigens noch ein weiteres – gar nicht anerkennen wird, weil er sich seine Tat mit einem Zehntel des Viehs hat honorieren lassen. Also muß er dann noch einmal zu zwei Mutproben ausziehen und kommt damit – wie bekannt – aufs volle Dutzend.

27. Der durch Liebe zerrüttete Telemach

Dem Mentor trotzend, der ihn unablässig schalt, suchte er jeden Morgen die prächtigsten Blumen für seine süße Mätresse, mit denen das pikante Frauenzimmer ihren seidenweichen Busen schmückte.

(*Zigarette* von Monsieur Alfred de Musset.)

Le Charivari vom 9. Oktober 1842.

27. Der durch Liebe zerrüttete Telemach

*

Der greise Mentor ringt verzweifelt die Hände, denn er vermag seinen Zögling nicht von der Leidenschaft zur Nymphe Eucharis (vgl. Blatt 32) abzubringen. Telemach hatte sich in diese Begleiterin der Calypso – zum großen Verdruß der Göttin – unsterblich verliebt, wie Fénélon in seinen *Aventures de Télémaque* berichtet. Die Leidenschaft seines Zöglings stellte den edlen Mann vor schier unüberwindliche Probleme. Unter dem Stift Daumiers wird er – durch die hochgezogenen Schultern – zu einer vogelähnlichen Figur, deren Komik freilich von dem zu seiner Mätresse eilenden Telemach noch übertroffen wird. Daumier nimmt Fénélon auf, der von den tief in den Höhlen liegenden Augen Telemachs, seiner blassen Gesichtsfarbe als Ausdruck seines Liebeskummers spricht: Der festliche Blumenkranz im Haar steht in gewolltem Kontrast zum tristen Gesicht, das die fliehende Stirn, die spitze Nase und das lächerlich dünne Ziegenbärtchen einfältig machen. Die Pointe des Blattes liegt in dem Blumenstrauß, den Telemach barfuß zur Geliebten trägt: Er ist mit einer besonderen Manschette zum Tragen und mit blütenweißem Papier umhüllt, als ob der antike Held ihn bei einer Floristin der Rue Royale in Paris gekauft hätte! Der unvermittelte Zusammenstoß zweier Welten, der schlichten, antiken Lebensweise und der naturfremden, modernen Zivilisation in dem anachronistischen Detail ist von Daumier sowohl als Satire der immer wieder hochstilisierten Antike als auch der zur Schau getragenen Liebesmelancholie manches jugendlichen Zeitgenossen gemeint. Die holprigen Verse werden boshafterweise dem durch seine Eleganz und Geschliffenheit bekannten Alfred de Musset (1810–1857) in die Schuhe geschoben.

28. Hannibals Überquerung der Alpen

In dem steilen Gebirge, dessen funkelnder Schnee wie die weiße Stirn eines Riesen aussieht, tunkte Hannibal triumphierend die Alpen in Essig, um sich einen Weg zu bahnen.

(*Les Occidentales* von Monsieur Quinet.)

Le Charivari vom 6. Oktober 1842.

28. Hannibals Überquerung der Alpen

*

Diese Lithographie ist nicht eigentlich eine Karikatur, sondern eine Art illustrierter Witz, der seine Kraft vornehmlich aus dem Wort zieht. Fast genau im Zentrum des Bildes ist ein Gefäß, das der karthagische Feldherr in den Händen hält. Deutlich ist auf dem Etikett der Inhalt angegeben: ›Bocal de Cornichons‹ – es handelt sich um saure Gurken. Die gewaltigen Fässer, an die sich Hannibal lehnt, enthalten, wie ebenfalls aus der Aufschrift erkenntlich ist, Essig, und zwar den noch jetzt berühmten Essig aus Orléans. Wir haben heute Mühe, den Witz zu verstehen, den der Verfasser des Bildtextes dem Philosophen und Historiker Quinet (1803–1875) zuschreibt und dabei in burlesker Verkehrung auf Victor Hugos 1829 erschienenen Gedichtband *Les Orientales* anspielt. Die bekannten historischen Fakten sind folgende: Die Römer hatten den Karthagern den zweiten punischen Krieg erklärt, weil sie durch Karthagos Ausbau der Macht in Spanien beunruhigt waren. Hannibal faßte den kühnen Entschluß, von Spanien aus die Alpen zu überschreiten, um in Italien einzufallen. Die Überquerung der winterlichen Pässe im Jahre 218 kostete ihn einen Großteil seiner Armee und seines Trosses, aber es gelang ihm, die Römer zu überraschen und in einer Reihe von Schlachten zu besiegen. Durch die Unterstellung des Essig-Motivs wird die epochemachende Überquerung der Alpen vom Textschreiber und Daumier ins Lächerliche gezogen. Beide unterstellen dem karthagischen Feldherrn die List, die Schneemassen mit Essig aufgelöst zu haben (wie wir heute mit Viehsalz), um die Alpen zu überwinden! Im Hintergrund sieht man Truppen, die weitere Fässer Essig mit sich schleppen, die sie auf die Schneemassen kippen werden...

29. Telemach und Mentor

Als Mentor bemerkte, daß sein Zögling nach Eucharis schmachtete und seine Liebe immer wieder neu aufflammte, stieß er ihn brutal mit einem Faustschlag ins Wasser, um ihn zum Verlassen der Insel zu bewegen.

(Der einzige Vierzeiler von Monsieur Duponchel.)
Es ist möglich, daß es sich um Augustin-Amédée Duponchel handelt, der 1840 *Histoires de la Grèce et d'Italie depuis les temps les plus reculés jusqu'en 1840* veröffentlicht hatte.)

Le Charivari vom 6. Oktober 1842.

29. Telemach und Mentor

*

Daumier hat bei dieser Lithographie an das sechste Buch von Fénélons *Abenteuern des Telemach* gedacht, auf die die Legende des Blattes anspielt. Danach hatte Mentor alles in seiner Macht Stehende getan, um Telemach von der Liebe zur Nymphe Eucharis loszureißen. Nachdem die Nymphen das von ihm gebaute Schiff in Brand gesetzt hatten, sah er sich gezwungen, ein letztes Mittel zu versuchen. Er stürzte seinen Zögling von der Steilküste, an der sie saßen, und tauchte auch gleich selbst in die Fluten, um ihn zu dem phönizischen Schiff zu geleiten, das er in der Ferne wahrgenommen hatte und das auch tatsächlich die Flucht von der Insel der Calypso ermöglichte. Den bürgerlichen Lesern des *Charivari* war Fénélons Buch als Schullektüre nur zu vertraut, und Daumiers Blatt erhält auf dem Hintergrund dieser Schilderung seine Würze. Während bei Fénélon der junge Mann durch das unfreiwillige Bad wieder zu sich selbst findet und geläutert seine Dankbarkeit für die Umsicht und Güte der Götter, die ihn beschützen, ausdrückt, wird er hier zur Spottfigur eines gemaßregelten Schülers: Man sieht von ihm nur die mageren Beine und die häßlich gespreizten Hände sowie ein unheroisches Gesäß. Daumier – in Einklang mit den Realisten – schneidet brutal den Körper an der Bildkante ab und nutzt die Ausschnitthaftigkeit für seinen satirischen Effekt. Mentor selbst besitzt nichts von der ihm zustehenden Erhabenheit, und die Lauterkeit seiner gewiß drastischen pädagogischen Maßnahme wird ins Lächerliche verdreht. Er wollte Telemach doch auf den Weg der Tugend zurückbringen, während Daumier es so darstellt, als ob er ein hämischer Alter sei, der sich breit grinsend über den gelungenen Streich freut, den er dem Jüngeren spielen konnte!

30. Der Tyrann Dionysius

Wenn er in seinem beklagenswerten Schicksal diesen Beruf ergreift, dann darum, weil die Tyrannen immer zu viele Schulen schaffen, um in ihren alten Tagen wenigstens eine zu ihrer Verfügung zu haben.

(Nach dem verstorbenen Barthélemy.)

Le Charivari vom 23. Oktober 1842.

30. Der Tyrann Dionysius

*

Es handelt sich wahrscheinlich um Dionysius II., den Jüngeren, der im vierten Jahrhundert vor Christus Tyrann von Syrakus war. Er versuchte, die Tradition seines Vaters fortzuführen, der gegen den Partikularismus der Griechen auf Sizilien gekämpft hatte, bezeugte aber seine Bewunderung für die griechische Kultur, indem er Platon an seinen Hof berief. Möglicherweise spielt Daumier auf die kulturellen Ambitionen des Tyrannen an. Das traurige Schicksal, von dem Barthélemy laut Bildlegende geschrieben haben soll, war der Sturz des Tyrannen, der die letzten Jahre seines Lebens bescheiden als Privatmann leben mußte. Text und Lithographie nehmen gleicherweise weniger die historische Gestalt aufs Korn, als einen Typus und eine menschliche Schwäche überhaupt: Wer einmal ein Tyrann war, bleibt ein Tyrann, und wenn es ihm die Verhältnisse nicht mehr erlauben, seinen Machttrieb zu befriedigen, erwachsene Menschen zu strafen und zu unterdrücken, so reagiert er sich an Kindern ab. Der spießbürgerlich gezeichnete, fettleibige Tyrann wird zum Schulmeister mit der Brille auf der Nase. Der Knabe, den er übers Knie legt, ist nicht das einzige Kind, das gestraft wird. Im Mittelgrund, rechts vom Katheder, sieht man einen Jungen auf dem Boden knien, der zur Strafe eine Eselsmütze trägt. Aus der grauen Masse der Häupter, die allesamt unter der Höhe des Katheders erscheinen, ragt keines hervor. Die Intention des Zeichners ist klar: Der großen Schar der heranwachsenden Jugend wird die freiheitliche Entfaltung versagt. Sie sind eine anonyme Masse, beherrscht und gewissermaßen erdrückt von dem untersetzten stiernackigen Mann, dem Daumier als einzigem auf dieser Lithographie individuelle Züge verleiht.

31. Der Sturz des Ikarus

Während die Sonne ihm die Flügel röstete, sagte sein Vater, der alte Schuft, Erfinder dieses Mittels, als er ihn aus dem ewigen Himmelsgewölbe herunterfallen sah: Wahrlich, das taugt nichts!

(Ein Poet, der im Fiaker fährt.)

Le Charivari vom 28. Oktober 1842.

31. Der Sturz des Ikarus

*

Es galt, den Fängen des Kreterkönigs Minos – Enkel des gleichnamigen Zeussohnes – zu entkommen. Zunächst seiner sinnreichen Erfindungen wegen geschätzt – er ist der Erbauer des verschlungenen Labyrinths, in dem der menschenfresserische Minotaurus hauste, zu dessen Geburt er wiederum durch die Erbauung der hölzernen Kuh der Pasiphae beigetragen hatte –, verscherzte sich Dädalus die Gunst des Herrschers, weil er der Minos-Tochter Ariadne zur Errettung des geliebten Theseus den Tip mit dem Fadenknäuel (s. Abb. 16) gegeben hatte, das sicher in das Labyrinth hinein- und auch sicher wieder herausgeführt hatte. Nun beschloß er, in seiner Not seine Talente als Erfinder und Ingenieur für sich selbst zu nutzen und baute für sich und seinen Sohn Ikarus aus Vogelfedern, die er auf Holzrahmen mit Wachs befestigte und in die richtige aerodynamische Form fügte, zwei Flügelpaare, mit deren Hilfe sich die Flucht durch die Luft bewerkstelligen ließ. Übermütig geworden durch die geglückte Unternehmung, schwang sich Ikarus zu hoch in die Lüfte und damit zu nah an die Sonne; das Wachs schmolz, und er stürzte ins Meer – das bis heute nach ihm benannte Ikarische Meer – und ertrank. Bei Daumier betrachtet der Vater den Absturz des Sohnes durch ein modernes Fernrohr; am Stand der neuzeitlichen Technik orientiert, die längst den bequemen Heißluft- und Gas-Ballon erfunden hat, ist auch seine Reaktion auf den Absturz des Sohnes, die der Untertitel festhält: So vor Augen geführt, wie es hier geschieht, wird ihm klar, daß es mit seiner Erfindung – wie mit seinem Filius – doch nicht so weit her war.

32. Telemach, der Tugend wiedergegeben

Sein Herz, das allzulang sich mit Eucharis beschäftigt hatte, brach schließlich eines Tages mit dieser schmachvollen Sklaverei, und dieser junge, schöne, frische, dicke, fette und... weise Held sagte dem erfreuten Mentor: »Komm, wir wollen Papa suchen!«

(Fénélon, Buch XII.)

Le Charivari vom 28. Oktober 1842.

32. Telemach, der Tugend wiedergegeben

*

Natürlich sind hier die Zeilen kein Zitat aus den *Aventures de Télémaque*, aber wieder wird die Erinnerung an den erlauchten Fénélon für diejenigen, die in der Mitte des letzten Jahrhunderts die Lithographie betrachteten, Teil jenes Gegensatzes zwischen der hoheitsvollen akademischen Form und der Trivialität des Bildes ausmachen, aus deren Spannung die eigentliche Komik entsteht. Wieder ist der göttliche Mentor zu einem banalen, dicknäsigen Alten geworden, der – ohne die innere Anteilnahme des antiken Vorbilds – breitbeinig dasteht und mit einem Grinsen der Zufriedenheit auf Telemach schaut. Man muß, wie in einer Bildergeschichte, die vorausgehenden Blätter – Nummer 27 und 29 – im Gedächtnis haben! Telemach präsentiert sich in voller Kriegsrüstung und ist bereit, als Krieger die gefahrvolle Suche nach seinem Vater aufzunehmen. Trug er vorher einen Kranz auf dem Haupt, so ziert ihn jetzt ein Helm, und statt des Blumenstraußes trägt er nunmehr die Lanze. Die Linke ist geöffnet, als wolle er im Sinne der Legende sagen: »Hier bin ich, bereit zu allen Taten«, obgleich die übertriebene Hakennase, der seltsam hochgezogene Mund mit den zusammengepreßten Lippen, sowie die unter dem Helm vordringenden Haare ihm ein recht unkriegerisches Aussehen verleihen. Einerseits wird also das Heroentum des Telemach lächerlich gemacht und andererseits, beinahe unaufdringlich, der Betrachter zum Schmunzeln gebracht, wenn er bemerkt, daß Daumier mit physiognomischen Zeichen spielt. Telemach hat seine Liebe überwunden, er trägt seinen Kopf hoch und hat seinen Appetit – wie der stattliche Bauch zeigt – wiedergewonnen. Die Zeiten des Verliebtseins und damit der Magerkeit sind endgültig vorbei.

33. Die Rettung des Arion

Durch einen dicken dilettantischen Fisch wurde dieser Tenor dank seiner frischen Stimme gerettet. So mancher Sänger, den die Oper rühmt, würde bei vergleichbarem Unwetter nicht einmal eine Anchovis zur Rührung bringen.

(Auszug aus einem Feuilleton von Monsieur Berlioz.)

Le Charivari vom 1. November 1842.

33. Die Rettung des Arion

*

Arion, aus Methymna auf Lesbos gebürtig, war ein ausgezeichneter Sänger und Musiker; er galt als der Erfinder der Kunstform des Dithyrambus und damit als ein Wegbereiter der antiken Tragödie. Der Liebling des Tyrannen Periander von Korinth erwarb sich auf weiten Vortragsreisen große Reichtümer. Von seiner Italien- und Sizilientournee zurückkehrend, machten seine frisch erworbenen Schätze die Matrosen des Schiffes, mit dem er reiste, lüstern, und sie beschlossen, ihn zu ermorden und auszurauben. Arion, der sah, daß er gegen die Schurkerei der Mannschaft keine Chance hatte, erbat sich – als Abschied vom Leben – ein letztes Lied zur Leier. Da man es gewährte, trat er an den Bug des Schiffes, rührte seine Leier und sang so schön auf das Meer hinaus, daß er mit seiner Stimme eine Menge Delphine anlockte, die bald das Schiff dicht umschwärmten. So vertraute er sich – als einziger Rettung, die er sah – diesen Bewohnern des Meeres an, und tatsächlich nahm ihn einer dieser Delphine auf seinen Rücken und trug ihn an die Küste. Bereits Herodot hat diese Geschichte erzählt; die Romantiker haben sie aufgegriffen, wie Adaptionen A. W. Schlegels und Ludwig Tiecks zeigen. Daumier hat, wenn er die Gestalt des Arion lithographisch zu bannen sucht, die Opernsänger seiner Zeit vor Augen: füllige Herren, die sich zur Resonanz-Verbesserung ihres Tenor-, Bariton- oder Baßorgans eine voluminose Leibesfülle erspeist haben. Die erstaunte Miene über den geglückten Sprung vom Schiff drückt deshalb gleichzeitig Arions Skrupel aus, ob denn das maritime Reittier, das sich – für ihn unsichtbar – unter dem Wanst rührt, in der Lage sein wird, ihn über Wasser zu halten oder nicht doch vor seinem stattlichen Gewicht kapitulieren muß.

34. Vulcans Netze

Dieser garstige Schlosser hatte erfahren, daß seine Gattin ein wenig allzu vertraut mit Mars zu plaudern pflegte. Deshalb schmiedete er unbarmherzige Netze und schnappte beide, wie sie auf der Wiese schwatzten.

(Von einem Junggesellen D.M.F.P.)

Le Charivari vom 9. November 1842.

34. Vulcans Netze

*

Mars, der Gott des Krieges, hatte sich auf ein Abenteuer mit der Göttin der Liebe, Venus, eingelassen und war dabei von dem erzürnten Ehemann der Venus, dem Vulcan, überrascht worden. Vulcan hatte sich eigens für diesen Zweck ein kunstvolles Netz geschmiedet. Der Zeichner stellt den dramatischen Höhepunkt dieser Geschichte dar. Der hinkende Vulcan hat seine Krücke weggeworfen – man sieht sie im Vordergrund –, um in seinen Bewegungen ganz frei zu sein. In einem mächtigen, weitausholenden Wurf schnellt er das Netz wie ein Lasso über die Liebenden, die sich in einer Versenkung der Landschaft zu einem Schäferstündchen versteckt haben. Sie müssen den erzürnten Vulcan gehört haben, denn ihre Köpfe richten sich in genau dem Augenblick auf, als das Netz schon über ihnen schwebt und sie in der nächsten Sekunde umschlingen wird. Das Gesicht der Venus ist mehr als zur Hälfte verdeckt, in der Miene des Mars malt sich blödes Erstaunen. Die Komik liegt in der Situation und wird von Daumier durch die Anordnung und Darstellung der Figuren ausgedrückt: Mars ist als Individuum nicht klar erfaßbar, denn der Arm verdeckt fast völlig sein Gesicht. Aber daran liegt Daumier nichts: Er will nur die gewaltige Geste wiedergeben, die den Zorn des Betrogenen zeigt. War es in der hohen Kunst der Malerei nicht erlaubt, Hauptpersonen, wie die zwei Antagonisten hier, nur fragmentarisch zu zeichnen, in der Karikatur ist es legitim. Daumier stellt so ausdrucksvoll wie nur möglich die Konstellation des Dreiecksverhältnisses dar und kann sich mit Abbreviaturen, die dem Betrachter leicht eingänglich sind, begnügen.

35. Marius in Karthago

»Soldat, sag dem Senat, daß ich in meiner edlen Finanzmisere eine Ruine als Stuhl benutze und daß ich hier nicht sitzen würde, wenn ich bei Sulla wäre.«

(Kalauer, Monsieur Cousin zugeschrieben.)

Le Charivari vom 13. November 1842.

35. *Marius in Karthago*

*

Das Blatt ist ohne die Legende, die somit gewissermaßen die Funktion einer Sprechblase hat, nicht verständlich. Karikatur und Bildtext nehmen die Figur des Marius auf, aus dessen Leben bereits in Abbildung 21 ein grotesker Vorfall geschildert wurde. Offensichtlich hat sich – wie dies des öfteren in den thematisch zusammenhängenden Blättern der *Histoire Ancienne* der Fall ist – zwischen beiden Episoden die chronologische Abfolge verkehrt, denn hier ist Marius wohl noch nicht auf der Flucht; Sulla, von der aristokratischen Partei in Rom gestützt, ist jedoch schon sein Rivale. Der sehr schwache Kalauer beruht auf der identischen Aussprache von Sulla oder Sylla mit Skylla. Es gibt ein aus dem Griechischen stammendes Sprichwort, das den eigentlichen Witz ausmacht: »Wer die Charybdis vermeiden will, verfällt der Skylla«, wobei Charybdis nach Homer ein gefürchteter Strudel in der Meeresenge von Messina ist und Skylla ein dort in unmittelbarer Nähe befindliches gefährliches Riff. Dieses ist manchem Seemann zum Verderben geworden, dem es schon gelungen war, die Charybdis zu vermeiden. Das geflügelte Wort meint also, daß man leicht von einem Übel in das andere – und gar schlimmere – fallen kann. Marius betrachtet seine Misere, von der die Bildlegende berichtet, als Skylla und charakterisiert damit die Ausweglosigkeit seiner Lage. Witze und kalauernde Wortspiele durchsetzen das Bild. Ein Schild, das an der Fassade eines zerstörten Hauses hängt, preist das frisch renovierte Appartement an... Es gibt auch einen Laden, der »Handschuhe gegen Luft an den Händen« (»contre l'air aux mains«) verkauft, Wörter, die nur dann einen Sinn geben, wenn man sie hört als »gants contre les Romains« (»Handschuhe gegen die Römer«).

36. Apelles und Campaste

Wohl wissend, daß Apelles für sein zartes und entzückendes Modell schwärmte und in unsinniger Begierde verging, überließ ihm Alexander mit der Geste des großen Königs jene Schöne, von der er im übrigen genug hatte.

(*Über Antike Kunst*, Poetischer Versuch von Monsieur Cavé.)

Le Charivari vom 30. November 1842.

36. Apelles und Campaste

*

Um das Leben des Apelles, eines griechischen Malers, der am Hofe Alexanders d. Großen lebte, rankten sich viele Anekdoten. Daumier und sein Text-Schreiber setzen diese Tradition auf eine für die Antike ungewöhnliche Weise fort. Beide treffen sich in der Absicht, den Großmut des Königs als geschickten Schachzug zu demaskieren. Der eine tut es mit der letzten Zeile, mit jenem mephistophelisch, fast beiläufig, dahingesprochenen Nachsatz. Der andere stellt es bildlich durch die übertriebene Geste des Königs dar, der die Hände der beiden Protagonisten vereinen will und dabei den mit einem überdimensionalen Helmbusch bedeckten Kopf in eitler Pose hochwirft. Daumier macht zugleich Apelles lächerlich, der über die weit vorne auf die Nase gerutschten anachronistischen Brillengläser schmachtend sein Modell anhimmelt. In seiner Ergriffenheit ist er auf die Knie gesunken und hat die Palette zu Boden gesenkt. Damit nicht genug: Daumier macht sich ein Vergnügen daraus, Campaste ganz gegen die Tradition nicht als vollendete Schönheit darzustellen, sondern als überreife und schon zu altern beginnende Frau, die mit herunterhängenden Mundwinkeln, aufgerissenen Augen und steil hochgezogenen Augenbrauen entsetzt auf den ihr angedienten, sie verständlicherweise kaum begeisternden Künstler schaut. Die wechselseitige Relation der Personen zueinander ist Gegenstand genug für die Karikatur: Der Herrscher spielt den Großmütigen, der sich der ihm lästig gewordenen Geliebten entledigt. Diese aber liebt ihn noch, ist von dem Tausch wenig erbaut und vermag ihr Entsetzen nicht zu verbergen. Man kann von einer prästabilisierten Disharmonie sprechen, die hier pointiert Bild wird; – übrigens genau zu dem Zeitpunkt, zu dem Balzac – zwischen 1837 und 1843 – seine *Illusions Perdues* verfaßt hat.

37. Die Qualen des Tantalus

Mehr als einer von uns hat – leider! – in seiner grünen Jugend alle Vergnügungen an seiner Nase vorbeistreichen gesehen, ohne – wie Tantalus in seinem Leid – mit seinen ohne Unterlaß sich schärfenden Zähnen in den Gegenstand seiner Begierden hineinbeißen zu können.

(Resignation von Monsieur Sainte-Beuve.)

Le Charivari vom 20. November 1842.

37. Die Qualen des Tantalus

*

Tantalus war ein Sohn des Zeus mit der Pluto, der Tochter des Kronos; sie personifiziert Fülle und Reichtum. Der Ahnherr des Atridengeschlechts, König von Lydien oder Phrygien, war ursprünglich mit Schätzen gesegnet und wurde von den Göttern des Olymp zu ihren Gastlichkeiten und Beratungen beigezogen. Seine Verfehlungen waren vielfach: Er soll mit loser Zunge die Geheimnisse der Götter ausgeplaudert, soll von der göttlichen Tafel Nektar und Ambrosia gestohlen, soll den Pelops geschlachtet und den Göttern als Speise vorgesetzt, soll den Ganymed entführt und soll die Göttlichkeit der Sonne geleugnet haben. Als Grund all dieser Taten ist Überheblichkeit und Unbotmäßigkeit auszumachen, mit denen er sich die Gunst der Götter verscherzte. Er wurde deshalb in die Unterwelt verstoßen, um hier ewigen Hunger und Durst zu erleiden: Im Wasser stehend, kann er doch die fliehenden Wogen nicht haschen; langt er nach den Früchten der Bäume vor seinen Augen, schnellen die Äste zurück und entziehen ihm die lockenden Speisen. Daumier konzipiert eine modernisierte Version der alten Sage: Geschickt verknüpft er die Fesseln des Tantalus mit dem Stamm eben des Baumes, der die Speisen trägt. Das auf dem Wasser ausgebreitete Gastmahl mit feinem Fisch, Wein und Torte und das durch die Luft sich schwingende Geflügel entwerfen ein gastronomisches Schlaraffia, während der bestrafte Göttersohn als einer jener Hungerleider erscheint, wie sie in der Großstadt Paris zuhauf anzutreffen sind: Dieser setzt dem manieristisch aus einer Weintraube gebildeten Gesicht im Gegenüber aber nicht nur seinen Hunger, sondern auch seine aufgestaute Wut und seinen Zorn entgegen.

38. Mars und Venus

Als sie die Liebenden in dieser erotischen Falle sahen, brachen alle Götter in das berühmte homerische Gelächter aus, das seitdem den unglücklichen Ehemännern zugedacht ist.

(Vertraulicher Vierzeiler von Monsieur A.)

Le Charivari vom 28. November 1842.

38. Mars und Venus

*

Mars, der Gott des Krieges, hatte sich auf ein Abenteuer mit der Göttin der Liebe, Venus, eingelassen und war dabei von Neptun und dem erzürnten Ehemann der Venus – Vulcan – überrascht worden (s. Blatt 34). Dieser hatte sie in einem eigens für diesen Zweck geschmiedeten Netz eingefangen und vor die Götter des Olymp geschafft. Links im Hintergrund steht Jupiter, trotz seines Strahlenkranzes ohne rechte Würde, zur Rechten blickt Neptun, seinen Dreizack in der Hand, feixend zur Seite; in der Mitte empört anklagend, auf Jupiter einredend, der gehörnte Ehemann Vulcan. Im Vordergrund das schuldige Paar in der »erotischen Falle«, von der die Legende spricht. Der Mittelgrund ist ganz unauffällig gestaltet, um die Aufmerksamkeit des Betrachters auf die zentrale Gruppe zu lenken. Venus, die sich wie eine Badende am Strande hinkauert, hat nichts mit der Schönheit der Venus von Milo gemeinsam, die das Pariser Publikum im Louvre bewunderte. Sie ist eine vulgäre Sterbliche, schaut drein wie eine dümmlich aussehende Grisette, der solche kompromittierenden Situationen nicht ungewohnt sind. Mars, der kriegerische Gott, der selbst beim Liebesspiel den Helm nicht ablegt, sitzt wie ein trotziges Kind mit ausgestreckten Beinen und über der Brust gekreuzten Armen da und schielt verdrossen mit herabgezogenen Mundwinkeln auf das kleine Konzil der über ihn beratenden Götter. Daumier, ein Meister der physiognomischen Gestaltung, schafft ein groteskes Detail: Die Nase des Heroen dringt durch eine Masche des fatalen Netzes. Von der Idealität und Macht der Göttin, ihrer Anmut, Schönheit und Verführung bleibt ebensowenig übrig wie von dem Heroentum des kühnen, alles bezwingenden, männlichen Kriegsgottes.

39. Leander

Leicht bekleidet, aber galant, voll Vertrauen auf seinen eisernen Arm, überquerte er jede Nacht einen Meeresarm, um sich in den seiner Geliebten zu werfen.

(Byron, *Sehr gemischte Gedichte.*)

Le Charivari vom 4. Dezember 1842.

39. Leander

*

Zwei Kontinente auseinanderzureißen, Asien von Europa zu trennen, habe das Meer vermocht, nicht aber zwei sich liebende Herzen, die »Amors heil'ge Göttermacht« zusammengebracht habe. So Schiller in seiner Ballade *Hero und Leander.* Der junge Mann aus Abydos hatte sich in die schöne Priesterin der Aphrodite verliebt und schwamm nun, da an eine andere Art der Zusammenkunft nicht zu denken war, Nacht für Nacht durch den Hellespont:

Wenn des Tages heller Schimmer
Bleichet, stürzt der kühne Schwimmer
In des Pontus' finstre Flut,
Teilt mit starkem Arm die Woge,
Strebend nach dem teuren Strand,
Wo, auf hohem Söller leuchtend,
Winkt der Fackel heller Brand.

Mit dem Morgengrauen löste er sich aus den Armen der Priesterin und schwamm zurück. Als er trotz eines aufziehenden Unwetters an seinem strapaziösen Stelldichein festhalten wollte, kam er in den Wellen um, weil der Sturmwind die Fackel der Hero ausgelöscht hatte. Sie stürzte sich von ihrem Turm, als gegen Morgen der Leichnam ans Ufer gespült wurde, um – nach den Freuden – auch das finstre Schicksal des Geliebten zu teilen. Daumier läßt Leander zu einem Hilfsmittel greifen, das derlei Malheur ausschließt: zwei luftgefüllte Schweinsblasen als Schwimmgürtel. Nur wenig zielstrebig und wohl schon etwas abgeschlafft durch seine allnächtliche Liebestour dümpelt da Leander seiner heftig winkenden Hero zu, die man am Horizont die Fackel schwingen sieht. Die beiden sind vor romantischen Katastrophen sicher!

40. Calypsos Verzweiflung

In der vergeblichen Hoffnung, den Undankbaren zu vergessen, für den ihr Herz schlug, hat diese Nymphe ihre Grotte sehr schön auskleiden lassen.

(Fénélon, Variante zu Buch XI.)

Le Charivari vom 8. Dezember 1842.

40. Calypsos Verzweiflung

*

In ihrem Feenschloß auf der Insel Ogygia gelang es der Meeresnymphe Calypso, den durch wilde Stürme verschlagenen Odysseus sieben Jahre an sich zu fesseln. Sie bot ihm – neben ihrer sinnlichen Liebe – Unsterblichkeit und ewige Jugend an, wenn er für immer bei ihr bliebe; ihn aber verzehrte das Heimweh nach Ithaka, so daß er sich lieber den Tod wünschte. Auf dringliche Vorstellungen der Athene sandte Zeus durch Hermes der Calypso den Befehl, den Geliebten freizugeben; und daraufhin mußte sie ihm sogar Holz und Werkzeug für den Schiffsbau zur Verfügung stellen. Nach späteren Sagen hatte Calypso von Odysseus zwei Söhne. In Daumiers Karikatur ist von der Anmut der Zauberfee nicht viel übriggeblieben. Eine plump und schwer gewordene Matrone bietet ihre dürftig verhüllten Reize dem Meer dar, über das ihr der Geliebte entschwunden ist. Ihn zu vergessen, gelingt ihr nicht. Darüber ist sie, die in der antiken Mythologie ewige Jugend zu verschenken hatte, selbst alt geworden. Mit tief geränderten Augen, in der romantischen Pose der Melancholie schaut sie – parallel zum Horizont des Meeres – in die leere Ferne und bemerkt wahrscheinlich nicht einmal, daß ihr Daumier zur Irritation den kleinen Finger der aufgelümmelten linken Hand wohl deshalb in die Nase gesteckt hat, um sie darin puhlend Trost finden zu lassen.

41. Der von Cupido durchbohrte Hippolytos

Von jenem verhängnisvollen Tag an tauschte dieser schreckliche Jäger sein Gewehr gegen eine süße Schalmei ein; und als er auf diese Weise sein empfindsames Herz ausschüttete, bissen ihn die Hasen ohne Angst in die Waden.

(Variante aus Racines *Phädra*.)

Le Charivari vom 11. Dezember 1842.

41. Der von Cupido durchbohrte Hippolytos

*

Hippolytos ist der Sohn des Theseus mit der Amazonenkönigin Antiope. Er war so aufs Jagen und aufs Rosselenken versessen, daß er darüber zum Verächter der Aphrodite wurde. Nach dem frühen Tod der Mutter vermählte sich der Vater mit Phädra, der zweiten Tochter des Königs Midos von Kreta. Diese verliebte sich in den schönen Jüngling, als sie ihn – erstmals – in Athen sah, wohin er zu den Mysterien gekommen war; sie offenbarte ihm ihre Leidenschaft, er aber wies sie brüsk zurück. Also verkehrte sich ihre Liebe in Haß – und sie schwärzte ihn bei Theseus mit eben dem Ansinnen an, das sie vergeblich an ihn gerichtet hatte. Theseus bat Neptun um Mithilfe bei der Bestrafung des Sohnes. Hippolytos wurde von seinen Rossen zu Tode geschleift, als sie bei einem Ausritt entlang der Meeresküste scheuten und durchgingen. Phädra erhängte sich bei der Nachricht vom Tode des Geliebten. In den Dichtungen der Antike – bei Sophokles, Euripides (und in enger Anlehnung an ihn 1677 in seiner *Phèdre* Racine) etc. – entwickelte sich Hippolytos zum Typus des frommen und keuschen Jünglings. Als solchen, der wider seinen Willen von Eros ins Herz getroffen wird, fixiert ihn Daumier. Noch hat allerdings der geflügelte Knabe seinen Pfeil nicht abgeschossen, da greift er sich, der erst noch zu treffen wäre, schon vorzeitig mit dandyhafter Schmerzgebärde ans Herz.

42. Wie Telemach von den Weisen gefragt wird

Bei dem eindrucksvollen Anblick dieser edlen Einfaltspinsel schwor der Pfiffikus Telemach bei allem, was ihm heilig war, daß er seinen sprießenden Schnurrbart gegen die Majestät ihrer strahlenden Stirn eintauschen wollte.

(Fénélon, Buch XXIV.)

Le Charivari vom 14. Dezember 1842.

42. Wie Telemach von den Weisen gefragt wird

*

Im fünften Buch der *Aventures de Télémaque* ließ Fénélon seinen Helden der Calypso vom Aufenthalt auf der Insel Kreta erzählen. Aufgrund eines Gelübdes hatte der König Idomeneus gerade seinen Sohn den Göttern geopfert und war von den empörten Kretern davongetrieben worden. Nach langem Zögern versammelten sie sich, um einen neuen König zu wählen; zur Ermittlung des Stärksten und Geschicktesten veranstaltete man Wettspiele, bei denen Telemach siegte. Als man sich dann in den heiligen Wald zu den Richtern und Gesetzeshütern begab, die Minos eingesetzt hatte, vermochte der Sohn des Odysseus auf alle moralischen und politischen Fragen die besten Antworten zu geben. Die Weisen schlugen ihn zum König vor, zumal ein Orakel auf seine Person paßte und er somit von den Göttern vorbestimmt schien, die Herrschaft zu übernehmen. Das Volk stimmte begeistert zu, Telemach jedoch, unterstützt von Mentor, vermochte der Verlockung der Macht zu widerstehen: Er blieb bei seinem Vorhaben, seinen Vater zu suchen und lehnte die angetragene Krone ab. Fénélon schildert die Weisen als erhabene, weißhaarige Greise, deren Gesichter Milde und Abgeklärtheit prägt. Daumier macht sie zu schwachsinnigen Gestalten, die entweder triste vor sich hinstarren oder kurzsichtig, wie der Dicke in der Mitte, aus dem Folianten Fragen zu buchstabieren scheinen. Telemach selbst ist alles andere als der ebenso sportliche wie kluge Jüngling, der die Gleichaltrigen durch seinen gestählten Körper zu besiegen und die drei Weisen durch seine Klugheit zu überzeugen vermag: Er steht grimassenschneidend vor ihnen und macht sich über sie im Sinne des Bildtextes lustig.

43. Ödipus bei der Sphinx

Dieses abscheuliche Tier mit einem Kopf wie von einem Antiquar stellte ihm die Frage: Warum, mein Herr, darf man nicht auf eine der Pyramiden zählen? Darauf antwortete Ödipus ohne Zögern: Weil sie in der Nähe von Kairo sind. Für einen abgegriffenen Kalauer langt es gerade noch.

(Vorlesung von Monsieur Raoul-Rochette.)
(Der banale Wortwitz ist unübersetzbar: ›près Caire‹ (=bei Kairo) kann beim Hören als ›précaire‹ (›prekär‹) verstanden werden.)

Le Charivari vom 18. Dezember 1842.

43. Ödipus bei der Sphinx

*

Von Hera, der strengen Wächterin ehelicher Treue, entsandt, die Thebaner der Frevel ihres König Laios wegen zu strafen, verheerte die Sphinx das Land und holte sich Menschenopfer, solange niemand eines ihrer täglich gestellten Rätsel zu lösen vermochte. Ödipus kam nach Theben, weil er dem Orakel von Delphi ausweichen wollte, das ihm die Tötung seines Vaters und die Heirat mit seiner Mutter vorausgesagt hatte, rannte aber gerade so ins Verderben: Mit Laios mordete er seinen Vater, der ihn als Kind ausgesetzt hatte. Nachdem er die Frage der Sphinx nach einem Tier, das eine Stimme habe, am Morgen vierfüßig, am Mittag zweifüßig und am Abend dreifüßig sei, mit den unterschiedlichen Altersstufen des Menschen beantwortet hatte, tötete er das Untier und erhielt die verwitwete Königin – seine Mutter – zur Ehefrau. Erst spät – er zeugte vier Kinder mit Jocaste, darunter Antigone – fielen ihm seine unbewußt begangenen Untaten wie Schuppen von den Augen, und er blendete sich. Daumier zeigt Ödipus vor der Sphinx in der Pose eines in seine Stimme verliebten Deklamators oder Operntenors. Das Schwert, mit dem er eben erst den Vater getötet hat und mit dem er gleich dem Untier den Kopf abschlagen muß, hängt ihm als wenig streitbares, dafür gut sichtbares Requisit vor dem Bauch. Den Schwierigkeiten Rechnung tragend, die Fabelwesen der Dramaturgie bereiten, verbirgt die Sphinx ihr tierisches Unterteil hinter einem Felsen den Blicken der Zuschauer; ihr verzerrtes Gesicht kann man als Reaktion auf die Lösung des Rätsels und ihr nun bevorstehendes Ende, aber auch als Reaktion auf den hier dargebotenen Vortrag nehmen.

44. Der Tod Anakreons

Zwischen dem Käse und der Birne, nach einem guten Trunk, scherzte dieser Sänger der Liebe, als ein unglückseliger Kern ihn den Geschmack am Brot verlieren ließ.

(Bossuet, *Scherzhafte Werke*.)

Le Charivari vom 25. Dezember 1842.

44. *Der Tod Anakreons*

*

Der im sechsten vorchristlichen Jahrhundert in Griechenland lebende Lyriker Anakreon ist bekannt als Sänger der Liebe. Voller Grazie und Schalkheit besingt er den Eros in allen seien Nuancen. Seine Gedichte sind geprägt von einem gelassenen, heiteren Ton, der von vielen Dichtern nachgeahmt wurde. Daumier situiert die angebliche Szene vom Tod Anakreons in den Rahmen, in dem seine Gedichte spielen: Wir sehen den Dichter – der über achtzig Jahre alt geworden sein soll – an festlicher Tafel sitzen, in einem Raum, dessen Pilaster und Kapitelle auf die Antike hinweisen; die Stuckdecke hingegen mit der Rocaille-artigen Ornamentik scheint aus dem achtzehnten Jahrhundert zu stammen. Ihm gegenüber, leicht zurückgeneigt, die Hand noch erhoben, sieht man eine leichtbekleidete Frau, die ihm über den runden Tisch hinweg eine Kirsche zuwirft, die Anakreon nach Art eines Hundes aufzuschnappen bemüht ist. Der mit Rosen bekränzte Alte, mit ausgeprägter Hakennase und fast zahnlosem Mund, stützt sich mit den Händen auf den Tisch, wie ein sprungbereites Tier, die Augen fest auf die gerade noch in der Luft schwebende Kirsche gerichtet. Daumier verbindet hier die karikierende Darstellung des berühmten Dichters, der Generationen von Lesern verzaubert hat, mit dem Motiv des liebestollen Alten. Man weiß ja, daß selbst die weisesten Männer von der Liebe zu jungen Mädchen oft derart bezwungen werden, daß sie ihnen die ausgefallensten Wünsche erfüllen. So soll sich sogar Aristoteles erniedrigt haben, auf allen Vieren zu kriechen, um eine Kokotte auf seinem Rücken reiten zu lassen. Bei Daumier ist die Hörigkeit und Erniedrigung des Alten nicht weniger offensichtlich.

45. Endymion

Als er eines schönen Abends in einem lieblichen Wäldchen schnarchte, verliebte sich der damals junge Mond wahnsinnig in ihn, und auf dem Ende seines Strahls legte er sanft einen liebevollen Kuß auf sein edles Gesicht.

(Girodet, *Nachgelassene Werke.*)

Le Charivari vom 21. Dezember 1842.

45. *Endymion*

*

Der Legende nach hatte die Mondgöttin – im Französischen weiblichen Geschlechts – Endymion in ewigen Schlaf versetzt, um sich in den Anblick seines Antlitzes zu versenken und ihn ungestört küssen zu können. Diese Liebesgeschichte fand mit der Renaissance Eingang in die europäische Schäferdichtung und Liebeslyrik, von der die Verse des Malers und Dichters Girodet Trioson (1767–1824) ein später Abglanz sind. Daumiers Lithographie bringt den Zeitgenossen weniger die antike Geschichte als das Ölgemälde eben des jungen Girodet in Erinnerung, das dieser in Rom gemalt und mit dem er im Salon 1793 seinen Ruhm begründet und später noch einmal im Salon 1814 einen nachhaltigen Erfolg errungen hatte. Die Karikatur ist eine Parodie des Bildes, das 1818 vom Louvre angekauft worden war. *Endymions Schlaf* stellt den auf einem Tigerfell schlafenden, unbekleideten Hirten am Fuß einer Platane dar. Amor in der Gestalt des Windes Zephir schiebt helfend Zweige beseite, damit sich die Strahlen des Mondes ungestört auf den jungen und schönen Jäger legen können. Daumier übernimmt nicht die Gestalt des Liebesgottes: In gewollter Vereinfachung hebt er die Scheibe des Mondes hervor, die bei Girodet durch das Blattwerk durchbrochen war, und betont drastisch die Bahn der Strahlen, die in dem Gemälde verschummerten und den Körper des jungen Mannes mit einem verklärenden Hauch umgaben. Die Parodie wird in ihrer niederziehenden Schärfe in der Darstellung des Hirten deutlich. Bei Girodet ist es ein schöngestalteter Jüngling, dem die Locken auf die Schultern fallen, und der wohlgebildete Mund ist geschlossen, während der Karikaturist seinen Anti-Helden mit einem dicken Zinken versieht und ihn mit offenem Mund schnarchen läßt.

46. Die Mutter der Gracchen

Als eines Tages eine unverschämte Lorette vor ihren Augen mit dem Schmuck prahlte, der manche Mark gekostet hatte, zeigte die Römerin auf ihre beiden Söhne, die die Hoffnung des Vaterlands waren und sagte: »Sieh her, sie sind mein einziger Schmuck.«

(Plutarch)

Le Charivari vom 23. Dezember 1842.

46. Die Mutter der Gracchen

*

Cornelia, die junge Witwe des 150 v. Chr. verstorbenen Volkstribunen Tiberius Sempronius Gracchus, hatte sich in vorbildlicher Weise ganz der Erziehung ihrer zwei Söhne Tiberius Sempronius und Gaius Sempronius gewidmet. Sie gilt – zu Recht – als eine der bedeutendsten römischen Frauengestalten. Die beiden Söhne wurden wie ihr Vater Volkstribun und setzten sich aktiv für eine Demokratisierung des römischen Staates ein. Die Episode aus dem Leben der Cornelia, die Daumier darstellt, war häufig Gegenstand der klassischen Literatur und Kunst im späten 18. und beginnenden 19. Jahrhundert. Der Stuttgarter Philipp Friedrich Hetsch (1758–1838), der bei David gelernt hatte, malte 1794 *Cornelia, die Mutter der Gracchen*. Der Künstler hebt den Kontrast zwischen einer Kurtisane und der Mutter der Gracchen hervor. Jene hat sich mit Ohrringen, einer Halskette und Armreifen reich geschmückt: Cornelia ist ganz ohne Schmuck, mit einfach gesträhntem und in einem schlichten Kranz zusammengelegtem Haar. Sie weist auf ihre Kinder hin, die im Hintergrund eine Pergamentrolle studieren: Das ist ihre hoheitsvolle und selbstbewußte Entgegnung auf das Kästchen mit Geschmeide, das die Kurtisane ihr zeigt. Im Vergleich wird deutlich, mit welcher Brutalität Daumier die idealisierte Welt der Antike, wie sie der Klassizismus darstellt, niederreißt. Die blühende Kurtisane wird zu einer Frau, aus deren Blick nur Habsucht zu sprechen scheint. Cornelia erscheint als eine unförmige Matrone. Die Kinder verkörpern nicht mehr die ›Hoffnung des Vaterlandes‹, sondern sind häßliche und quengelige Gören aus dem bürgerlichen Alltag, wie sie Daumier auch in der Folge *Les Enfants terribles* nachgezeichnet hat.

47. Pygmalion

O Triumph der Künste! Wie überrascht warst du, großer Bildhauer, als du sahst, wie dein Marmor sich belebte und verschämt und sanft sich langsam herunterbeugte, um dich um eine Prise zu bitten.

(Comte Siméon.)

Le Charivari vom 28. Dezember 1842.

47. Pygmalion

*

Der bildhauernde kyprische König Pygmalion, verliebte sich in eine von ihm geschaffene weibliche Statue und fühlte sich von ihrer Schönheit so unwiderstehlich angezogen, daß er Aphrodite anflehte, sie möge ihm ein Weib von gleichem Zuschnitt schenken. Als er vom Tempel der Göttin nach Hause zurückkehrte, erwärmte sich das Standbild unter seinen Liebkosungen so sehr, daß es wirkliches Leben gewann. Daumier verwandelt den königlichen Bildhauer der antiken Mythologie in einen Pariser Bohèmekünstler. Im Hintergrund seines Ateliers hängen Gipsabgüsse nach antiken Plastiken; ein männlicher Torso, der auf einer Art Kiste oder Kasten im Rücken des Künstlers abgestellt ist, signalisiert, in welch bruchstückhafter Form die antiken Kunstwerke auf uns gekommen sind. Der abgelegte Hammer deutet an, daß der Artist eben in seiner Arbeit eine Pause machen wollte oder sie als abgeschlossen ansah, um eine Prise aus seiner Schnupftabaksdose zu nehmen. Schon hat er sich mit den zugespitzten Fingern seiner rechten Hand bedient und die Nase erwartungsvoll hochgezogen, da greift ihm seine Schöpfung dazwischen und holt sich ihrerseits – mit der Linken beschwichtigend um Pardon bittend – eine Prise aus der Dose. Der Pygmalion-Kontrafaktur bleibt sprachlos der Mund offenstehen. Daß auch Frauen zum Tabak griffen, war in der Ära der George Sand ein äußeres Kennzeichen der Frauenemanzipation, diente aber gleichzeitig zu ihrer Diffamierung. Daumier war, wie die Serie *Les Bas Bleus (Die Blaustrümpfe)* aus dem Jahre 1844 zeigt, kein Anhänger, sondern ein Verspotter der Frauenbewegung seiner Zeit.

48. Vergils Hirten
Hinlänglich bekannte Melodie

Diese schönen Kinder Italiens feierten der Reihe nach den Wald, den Hügel, die Wiese und den sanften Himmel, der ihnen den Tag schenkte.

(Text und Musik von Monsieur F. Bèrat.)

Le Charivari vom 31. Dezember 1842.

48. Vergils Hirten

Hinlänglich bekannte Melodie

*

Mit den zehn Eklogen (Hirtengedichten) seiner *Bucolica* gelang es dem römischen Dichter Vergil (70–19 v. Chr.), der selbst der Sohn eines Bauern war, die »musa rustica« mit »vollendeter Urbanität« reden zu lassen bzw. »das idyllische Genrebild in den Rahmen der großen Zeitbewegung hineinzubeziehen« (Eduard Norden). Vergils Hirten heißen Meliboeus, Tityrus, Damoetas, Menalcas oder Mopsus und preisen die Schönheiten und Freuden des Landlebens; die erste Ekloge beginnt: »Tityrus, unter dem Dach der schattigen Buche gelagert, / Pfeifst du, dir selber zur Lust, auf geschnittenem Halme dein Waldlied«. Besonders die vierte Ekloge, die mit der Geburt eines Kindes den Aufbruch eines goldenen Zeitalters prophezeit, hat bereits bei den Zeitgenossen große Aufmerksamkeit gefunden. Man bezog das angekündigte Ereignis zunächst auf den römischen Kaiser Augustus, später auf Christus. Daumiers Hirte trägt zum Zeichen seiner musischen Muße einen Blumenkranz im Haar und bläst – gegenüber dem Billiginstrument aus Schilf bei Vergil – ein aufwendigeres Doppelflöteninstrument. Der ganz nach innen gekehrte Gesichtsausdruck ist leicht dümmlich. Der Knabe, den der Karikaturist dem leicht zurückgeneigten Hirten als aufrecht stehendes Gegenüber gibt, hat andächtig die Hände unterm Bauch gefaltet. In seinem Gesicht mischen sich jedoch Erstaunen und Entsetzen. Die hohe Stirn mit dem zurückgesetzten Haarschopf gibt ihm bei aller Kindlichkeit etwas leicht Greisenhaftes; man assoziiert bei ihm überhaupt weniger ländliches Milieu, sondern mehr einen Großstadtjungen aus ärmlichen Verhältnissen, dem in der Tat der hier musikalisch verzierte locus amoenus nur als locus horribilis erscheinen kann.

49. Sapphos Tod

Mädchen, seht, wohin uns die Liebe führt! Unter unseren so niedlichen Füßen gräbt der Schuft einen Abgrund, in den man leicht fällt, denn vom Vergnügen zum Verbrechen ist der Weg verteufelt kurz.

(Mademoiselle Esther, *Moralische Gedichte.*)

Le Charivari vom 4. Januar 1843.

49. Sapphos Tod

*

Die griechische Dichterin Sappho, nach der sich ein eigenes Odenversmaß benennt, lebte um 600 v. Chr. auf der Insel Lesbos, die als Heimat der lyrischen Poesie galt, da hier das Haupt des von den Mänaden zerrissenen Orpheus bestattet war. In Mytilene, der Hauptstadt von Lesbos, sammelte Sappho im Kult der Aphrodite und der Musen Freundinnen und Schülerinnen um sich. Als die Aristokraten aus Mytilene verbannt wurden, ging die Dichterin zeitweise nach Sizilien. Nach späterer Sage soll sie sich aus unerwiderter Liebe zu dem schönen Jüngling Phaon vom Leukadischen Felsen – einer hohen Kreideklippe – gestürzt haben. Diese Sage ist verschiedentlich dichterisch aufgegriffen worden, u. a. 1823/24 durch A. Lamartine und G. Leopardi. Für die deutschsprachige Literatur der ersten Hälfte des 19. Jahrhunderts hat Franz Grillparzer mit seinem auf der Bühne erfolgreichen Trauerspiel von 1818 das Bild der Lyrikerin entscheidend geprägt. In der Schlußszene erscheint Sappho »reich gekleidet«, »den Purpurmantel um die Schultern, den Lorbeer auf dem Haupte, die goldne Leier in der Hand«; sie tritt auf »eine Erhöhung des Ufers«, richtet an Phaon und Melitta, die der Gegenstand ihrer ungezügelten Eifersucht sind, die Worte:
Den Menschen Liebe und den Göttern Ehrfurcht!
Genießet, was euch blüht, und denket mein!
So zahle ich die letzte Schuld des Lebens,
Ihr Götter, segnet sie und nehmt mich auf!
– und stürzt sich ins Meer. Daumier verwandelt die tragische Heroine in eine ältliche Jungfer, der ein Eros- oder Amorknabe den letzten Schubs zu geben sucht, sich nicht länger gegen den ›Abgrund der Liebe‹ zu sperren.

50. Die Milde des Minos

Glücklich der bleiche Mensch, der in diesem dunklen Unterschlupf ankommt, wenn Minos den Charivari liest; er kann sicher sein, freigesprochen zu werden, da man ja weiß, daß jeder Richter entwaffnet ist, wenn er gelacht hat.

(Kleine poetische Reklame.)

Le Charivari vom 5. Januar 1843.

50. *Die Milde des Minos*

*

Minos ist eine halb historische, halb mythische Figur. Er herrschte über Kreta, über die Inseln des ägäischen Meeres und begründete dort eine feste staatliche Ordnung. Seine Herrschaft wird als mild und weise gerühmt; er gab den Kretern Gesetze, auf die man sich noch in später Zeit berief. Bei Homer und in der nachhomerischen Zeit wurde er in die Unterwelt versetzt und übte dort seiner großen Gerechtigkeit wegen beim Eintritt der Toten das Richteramt aus: »Ein goldenes Zepter in der Rechten, sitzt er auf erhabenem Sessel nahe am Eingang in die Unterwelt. Neben ihm stehen die Strafregister, die Rachegenien und die Erinnyen, und von der andern Seite werden die Missetäter, in langen Reihen an Ketten geschlossen, vorgeführt. Er aber spricht nach sorgfältiger Voruntersuchung das Urteil und sendet die Schuldigen nach dem Ort der Gottlosen, damit sie dort die verdiente Strafe ihrer Verbrechen empfangen; die Guten und Rechtschaffenen dagegen schickt er, sobald eine ziemliche Anzahl beisammen ist, in das elysische Gefilde (...)«. Daumier nimmt diese Situation auf, entspannt sie aber und färbt sie komisch ein. Nur ein einzelner Toter steht da vor seinem Richter, den Blick mürrisch nach unten gerichtet, denn König Minos denkt nicht daran, seines Amtes zu walten; er nimmt den Kandidaten – der wohl schon längere Zeit vor ihm steht – gar nicht zur Kenntnis. Die aufgeschlagene Lektüre, die dem armen Sünder als Schuldregister erscheinen mag, ist der *Charivari*, jenes 1832 von Charles Philipon gegründete Karikaturblatt, dessen Mitarbeiter Daumier von Anfang an war: In ihm erschienen zwischen Dezember 1841 und Januar 1843 die Lithographien der *Historie Ancienne*, an denen Minos so offensichtliches Vergnügen findet. Damit bringt sich der Karikaturist selbst in seine Serie ein...

Beschluß

*

Die antike Schönheit hat immer die großen Künstler gereizt. David hat sie erahnt, Ingres hat sie gesucht, Daumier hat sie gefunden. Wir können nunmehr an die große Tradition von Athen anschließen. Die griechische Malerei war verlorengegangen. Daumier hat sie uns wiedergegeben. Man möchte meinen, daß das Album mit dem Titel *Antike Geschichte* soeben bei den Ausgrabungen in Aegina gefunden wurde. Diese Wiederherstellung der griechischen Kunst hat Daumier keineswegs in die Akademie gebracht, aber hat ihn doch in den Rang eines Mannes gehoben, der die Kunst des Apelles fortgesetzt hat.

Le Charivari vom 4./5. Januar 1843.

Die September-Pressegesetze des Jahres 1835 beendeten die große Phase der offenen politischen Karikatur Frankreichs, die mit der Zeitschrift *La Caricature* verbunden ist. In einer letzten Lithographie für dieses Blatt ließ Daumier die Juli-Toten des Jahres 1830 aus den Gräbern steigen, sich zu Prozessionen formieren und klagen: »Das war wahrlich der Mühe wert, dafür unser Leben zu opfern.« In der Folgezeit verstummte jedoch die politische Karikatur, die sich in den Jahren 1830–35 ihrer Kraft bewußt geworden war, nicht, sondern wechselte nur in die Schilderung des bürgerlichen Lebens hinüber und brachte es hier zu erstaunlichen Leistungen. »Alles gewinnt an Wert und Beachtung«, schreibt Eduard Fuchs in *Die Karikatur der europäischen Völker*, »die nichtigste Handlung im täglichen Leben, das harmloseste Ereignis«: »Dies ist die Voraussetzung, aus der sich die kolossale Revue des bürgerlichen Lebens erklärt, die ungefähr in der Mitte der dreißiger Jahre in Frankreich einsetzte, und die gleich in ihren Anfängen erkennen ließ, daß sie dazu bestimmt war, in ihrer Intimität eine Revue zu werden, die wirklich einzigartig in der Geschichte bis dahin erschienen ist. Alles defilierte vorüber, das ganze öffentliche und das ganze private Leben, Freudentage und Trauertage, Arbeit und Erholung, eheliche Sitten und Junggesellenbräuche, Familie, Haus, Kind, Schule, Gesellschaft, Theater, Typen, Berufe, kurzum alles«[1]. Daumiers Karikaturenfolge der *Histoire Ancienne*, deren fünfzig Blätter vom Dezember 1841 bis Januar 1843 im *Charivari* erschienen, gehören in diesen Zusammenhang. Daß die aktuellen Probleme der Gesellschaft hier in die antike Mythologie und Geschichte zurück-

1 Eduard Fuchs, *Die Karikatur der europäischen Völker*, Bd. 1, *Vom Altertum bis zum Jahre 1848*, München [1]1921, S. 362.

projiziert erscheinen, macht den besonderen Reiz der Serie aus.

Die Histoire Ancienne und ihr geschichtlicher Kontext

Als am 22. Dezember 1841 das erste Blatt der *Histoire Ancienne* im *Charivari* veröffentlicht wurde, war es fast schon zu spät, um wirkungsvoll in den Kampf zwischen Klassizisten und Romantikern einzugreifen. Dessen Höhepunkt war über zehn Jahre zuvor in der sogenannten *Bataille d'Hernani* erreicht worden, als Victor Hugos Drama im Pariser Théâtre Français 1830 aufgeführt worden war und es, wie Théophile Gautier berichtet, im Parterre zu einer erregten Auseinandersetzung zwischen den Anhängern der traditionellen klassizistischen Tragödie und den Progressiven kam, die an die neue revolutionäre romantische Dichtung glaubten. In der Freiheit von Regeln, im Vertrauen auf Genie, Intuition und Temperament – kurz: in der Überzeugung von der Notwendigkeit eines literarischen Liberalismus – sahen sie das Fundament für die Erneuerung der Dichtung. Victor Hugo wollte die Strenge und Erhabenheit der akademischen Tradition aufbrechen und die verkrusteten Strukturen der tragischen Bühne zerstören, die vom 17. zum 18. Jahrhundert, von Racine zu Voltaire und von Voltaire zu der Menge unbedarfter Schriftsteller des frühen 19. Jahrhunderts weitergereicht worden waren. Als einen neuen Grundbegriff führte er das Groteske ein, das aus der erhabenen Tragödie ausgeschieden war, und mischte unbedenklich das Tragische mit dem Komischen. Gewiß sind Komik und Groteske, von denen Victor Hugo 1828 im Vorwort zu *Cromwell* spricht, nicht mit den komischen und oft grotesken Gestalten, die bei Daumier auftauchen, einfach gleichzusetzen, aber Hugos Manifest war doch richtungweisend für die Romantik gewesen und hatte allgemein in Künstlerkreisen die Bereitschaft zur Satire auf die klassischen und klassizistischen Klischees erhöht. Ebenhier war im Ansatz eine gewisse Gleichgestimmtheit zwischen dem Dichter und dem Karikaturisten gegeben, die sich dann sogleich in sehr unterschiedlichen Bahnen voneinander fortbewegten.

Daumier hatte in seinen *Physiognomies tragico-classiques* von 1841 Szenen aus dem klassischen Theater eines Corneille, Racine und Voltaire aufgegriffen, auch eines Shakespeare, aber – bezeichnenderweise – in der klassizistischen Adaptation von Ducis, und einerseits die emphatische Steigerung der konventionellen Theater-Mimik aufs Korn genommen und andererseits den Gegensatz zwischen den hehren Gestalten antiker Mythologie und den mit menschlichen Schwächen versehenen rotnasigen oder rachitischen Schauspielern für seine Zwecke übertrieben und daraus karikaturistisches Kapital geschlagen. Die Arbeit an diesen Blättern wird ihm den Gedanken an die *Histoire Ancienne* gegeben haben, denn die Grundtendenz ist dieselbe: die Unvereinbarkeit der klassischen Idealität mit der Wirklichkeit.

Man hat sich gefragt, wieso Daumier gewissermaßen verspätet zur Antikenkarikatur gelangte, ist aber zu keinem rechten Schluß gekommen. Es mag sein, daß er in eben den Jahren, in denen die Romantiker für ihr umstürzlerisches literarisches Konzept kämpften, während er sich mit ungeheurer Vehemenz politisch engagierte und den Repräsentanten des Juli-Königtums, Louis-Philippe, attackierte, für derlei ›ästhetische Probleme‹ nichts übrig hatte. Jetzt aber – nach dem Verbot der *Caricature* und seinem Aufbruch in die Satire des Bürgertums – erinnerte er sich der vor zehn Jahren begonnenen Querele, die ja in der Kunst noch andauerte, als eines ergiebigen Themas. Eine Verlegenheitslösung des Künstlers oder gar ein Versuch gegen die Monotonie der Bürgersatire, wie Henri Marcel mutmaßt[2], war es jedenfalls nicht. Den Wert der Serie unter-

2 Henri Marcel, *Honoré Daumier, Biographie critique*, Paris o.J. (1906), S. 75.

streicht Charles Baudelaire 1857 in seinem Essay *Über einige französische Karikaturisten:* »Der *Histoire Ancienne* messe ich besondere Wichtigkeit bei, weil sie sozusagen die beste Paraphrase des berühmten Verses darstellt ›Qui nous délivrera des Grecs et des Romains?‹. Daumier ist brutal über die Antike hergefallen, über die falsche Antike – denn niemand fühlt stärker als er, was die Antike Großes hatte –, er hat darauf gespuckt; und der schäumende Achill, und der listenreiche Odysseus, und die brave Penelope, und Telemach, der lange Einfaltspinsel, und die schöne Helena, die Troja zugrunde richtete, kurzum alle und jeder stehen in jener possierlichen Häßlichkeit vor uns, wie die schlotterigen alten Heldendarsteller, die in den Kulissen eine Prise Tabak schnupfen. Das war ein höchst amüsantes Sakrileg, das auch einen gewissen Nutzen gestiftet hat. Ich erinnere mich eines lyrischen und heidnischen Dichters unter meinen Freunden, der sehr empört darüber war. Er nannte dies eine Ruchlosigkeit und sprach von der schönen Helena, wie andere von der Jungfrau Maria sprechen. Diejenigen aber, denen der Olymp und die Tragödie keinen sonderlichen Respekt einflößen, hatten, wie zu erwarten, ihren Spaß daran«[3]. In der Tat war 1841 die klassizistische Tradition, besonders im Bereich der bildenden Kunst, noch lange nicht gestorben. James Pradier (1792–1852) schuf damals noch seine klassizistischen Bronzestatuen und Marmorbildnisse und holte seine Themen weitgehend aus der Antike. Noch war Dominique Ingres, der große Repräsentant klassizistischer Malerei, unvermindert aktiv und erfreute sich größter Beliebtheit, während sein Antipode, Eugène Delacroix (1798–1863), der Vertreter der Romantik, sich immer noch die übelsten Beschimpfungen gefallen lassen mußte. Mochte Daumier also mit seiner *Histoire Ancienne* nicht als erster die Attacke gegen die Antike

3 Übersetzung von Friedhelm Kemp in Charles Baudelaire, *Sämtliche Werke/Briefe*, hrsg. von Fr. Kemp und Cl. Pichois in Zusammenarbeit mit W. Drost, Bd. I, *Juvenilia-Kunstkritik 1832–1846*, München (Heimeran) 1977, S. 319f.

geritten haben, so verspätet war er nicht, als daß man das Thema der Antikensatire als unerhebliches Nebenprodukt abtun könnte. Ganz im Gegenteil gibt es in dieser Serie eine ganze Reihe von Blättern, die zu den eindrucksvollsten seines Werkes gehören.

Einen neuen, den engen Zirkel der Kunstbetrachtung sprengenden Hinweis auf die Aktualität der Antikenserie Daumiers zum Zeitpunkt ihrer Entstehung hat unlängst in einem größeren Aufsatz, der sich genereller mit Problemen der Antikenkritik in der Karikatur des 19. Jahrhunderts befaßt, Klaus Herding gegeben; er notiert: »Offensichtlich handelt es sich nicht so sehr um einen literarisch-künstlerischen Angriff, sondern um eine Attacke auf das damals vorherrschende Erziehungsideal. Tatsächlich gab es kein anderes innenpolitisches Thema zwischen 1830 und 1870, das in Deutschland, Frankreich und zeitweilig in England die bürgerlichen Schichten so sehr erregte, wie die Ablösung der Antike als Norm standesgemäßer Erziehung (verbunden mit der Kontroverse um die Laizierung und die Vereinheitlichung des Unterrichts)«[4]. In Frankreich war es Guizot, »der Unterrichtsminister der Industriellen und Bankiers, weltbekannt als Schöpfer des Leitmotivs seiner Epoche, des ›Enrichissez vous‹, der in Frankreich für das humanistische Gymnasium die Trommel rührte. Nichts ist überraschender als der Einblick in jene französischen Parlamentsdebatten, in denen diese Vereinnahmung der Antike durch die Unternehmerseite erfolgte. Auf solche Debatten, scheint mir, hat Daumier reagiert«.

4 Klaus Herding, *Inversionen, Antikenkritik in der Karikatur des 19. Jahrhunderts.* In: *Karikaturen, Nervöse Auffangorgane des inneren und äußeren Lebens*, hrsg. von K. Herding u. G. Otto, Gießen, 1980, S. 150ff.

Die *Histoire Ancienne* ist jedoch doppelbödig. Nicht nur daß Daumier, wie wir sahen, auf dem Umweg über die Antike seine Zeitgenossen karikierte und zu aktuellen politisch-gesellschaftspolitischen Fragen Stellung bezog, er nahm auch antike Themen auf, die von berühmten Malern zu Beginn des Jahrhunderts oder kurz zuvor gestaltet worden waren und parodierte sie. Man kann die Blätter zwar auch ohne die Kenntnis dieser Gemälde verstehen, zumal deren Persiflage nicht immer der unmittelbare Anlaß für die Lithographien war, aber die Bilder, die im Louvre ausgestellt waren – und es auch heute meist noch sind – standen jedem der damaligen Betrachter der Karikaturen vor Augen, und der Kontrast zwischen Vor-Bild und Karikatur erhöhte den Reiz. So erinnert Daumier im zweiten Blatt der Serie an den Hauptmeister des Klassizismus, Jacques Louis David, und seinen *Leonidas an den Thermopylen*, eine Verherrlichung des jugendlichen Heroismus und Patriotismus. In der Karikatur hingegen werden ebendiese Ideale ins Lächerliche gezogen: Die antiken Helden werden zu Nachtwächtern in komisch-antiker Verkleidung; kämpferischer Mut und uneigennütziger Opferwille sind verschwunden. Wenn Dominique Ingres, ein anderer großer Meister des *classicisme*, den *Ödipus* malte, wie er das Rätsel der Sphinx deutet (1808, Louvre), dann ist das Gemälde von großem Ernst und zeigt einen Jüngling von erlesener Schönheit und Adel. Bei Daumier – im dreiundvierzigsten Blatt der Serie – wird der Held zu einem pathetischen Operettentenor mit übertriebener Gestik und die Sphinx zu einer Fratze. Ebenso desillusionierend ist die Persiflage auf Girodets *Endymion* (im fünfundvierzigsten Blatt): Die Lieblichkeit der Legende und die idyllische Verklärung der Liebe werden unbarmherzig zerstört. Gewiß ist die Karikatur hier negativ und gar destruktiv; aber ihr ästhetischer Nutzen ist nicht gering zu veranschlagen. Sie baut viel modische Süßlichkeit ab und schafft die Möglichkeit zu einer neuen, wirklichkeitsnahen oder realistischen Gestaltung der Welt. Daumier denunziert die Verlogenheit antiker Ideale und Idole, wie sie Generationen französischer Künstler vor ihm in unendlichen Variationen immer wieder neu erstehen ließen. Er geht unbarmherzig und pietätlos gegen die geheiligten Konventionen an, die ihm nur als leere Hülsen oder verlogene – wenn auch erlesene – Trivialität erscheinen.

Travestierende Momente

Nicht alle Blätter der *Histoire Ancienne* sind scharfe Karikatur und bittere Satire: Nicht durchweg werden die Helden zu Anti-Helden erniedrigt. Bei einigen Blättern und besonders denen, die innerhalb der ganzen Folge kleinere Erzählzyklen bilden, handelt es sich um Travestien. In der Travestie – der lateinischen Wortbedeutung nach eigentlich ›Verkleidung‹ – gibt es wie in der Karikatur sehr wohl eine satirische Intention des Autors; er bleibt jedoch grundsätzlich stärker dem Inhalt des Werkes verpflichtet, von dem er – als seiner Vorlage – ausgegangen ist. Der Spott, der über dieses ›Vorbild‹ ausgegossen wird, kann zum Beispiel darin liegen, daß ihm gegenüber eine chronologische Verschiebung vorgenommen wird, die eine zeitliche Verzerrung erzeugt, aus der dann Komik entsteht. Das ist immer dort der Fall, wo Daumier die antiken Helden zu Menschen aus der Mitte des 19. Jahrhunderts mit entsprechend aktualisierten Verhaltensweisen macht, so etwa wenn Telemach die Geliebte mit einem säuberlich verpackten Blumenstrauß umwirbt, wenn Achill im Zelt sitzt, auf dem Stuhl wippt und – lange vor der Entdeckung des Tabaks – sein Pfeifchen raucht oder, dem Telemach keinerlei Gehör schenkend, sich den Freuden des Angelsports hingibt. Es sind also die Sitten und Gebräuche moderner Franzosen, die Daumier in die

Antike zurückprojiziert. Die so geschaffene zeitliche Inkongruenz, die Verknüpfung von Personen und Eigenschaften, Gegenständen und Attributen, die nicht zueinander gehören, machen in diesem Fall den eigentlichen Witz aus, der den Betrachter aufmerken läßt.
Mit solchen travestierenden Momenten steht Daumier in einer längeren literarischen Tradition, die mit Paul Scarrons *Virgile Travesti (Der verkleidete Virgil)* als ihrem Höhepunkt in die Mitte des 17. Jahrhunderts zurückreicht, aber das ganze 18. und 19. Jahrhundert hindurch lebendig blieb. Im Unterschied zu Daumier, der hauptsächlich auf die Epen Homers zurückgriff, hatte Scarron Virgils *Aeneis* satirisch drapiert: Sein Spott ist humorvoll und letzten Endes liebenswürdig. Selbst im Detail lassen sich Parallelen zwischen dieser literarischen Travestie und ihrer karikaturistischen Entsprechung nachweisen. Ähnlich wie im siebzehnten Blatt bei Daumier ist Dido bei Scarron nicht mehr die edle Frau, die Liebe erweckt, wie wir sie aus der Antike kennen: Ein Pariser Marktweib, zieht sie vom Leder, ihren Zorn über den ungetreuen Liebhaber loszuwerden. Schon Scarron zerrte also das mythische Geschehen auf die Ebene einer handgreiflichen Familienstreitigkeit im niederen Gesellschaftsmilieu herunter. Die hohe kippt in eine niedere und mit realistischen Derbheiten durchsetzte Stillage um: Das Pathos wird abgebaut und gibt sich dem Gelächter preis.
In der deutschen Literatur hat im 18. Jahrhundert Alois Blumauer Vergils *Äneis* travestiert; das Buch hatte im 19. Jahrhundert zahlreiche Neuauflagen. Als graphisch-karikaturistischen Vorläufer der Antike-Travestien Daumiers macht Klaus Herding in seinem oben bereits genannten Aufsatz Johann Heinrich Rambergs Illustrationsfolge *Homers Ilias, seriös und komisch* von 1827/28 namhaft: »Rambergs dichotomisches Prinzip, das Verfahren, gegensätzliche Auffassungen mit gleichem Gewicht gegenüberzustellen, entspricht den Bildvorstellungen dieser Jahrzehnte: Fehr wendet es im selben Jahr

innerhalb eines Blattes an, um den Streit zwischen Klassizismus und Romantik im Salon von 1827 zu verspotten; ähnlich Daumier 1855, um den Kampf zwischen Idealismus und Realismus zu ironisieren. In all diesen Fällen geht es weniger um eine Kunstrichtung, als vielmehr darum, zwischen mehreren gültigen Weltanschauungen eine Entscheidung oder einen Ausgleich herbeizuführen – eine historisch neue Situation. Aber Ramberg konfrontiert nicht nur zwei Ideale miteinander: Er gewinnt jeder Szene eine ideale und reale Seite ab: Die Tragfähigkeit klassischer Idealität wird an der Erfahrung gegenwärtiger Realität ad absurdum geführt. Aber mit welchem Ziel? Vordergründig wird der Angriff moralisch-politisch geführt, aber der Blick hinter die Kulissen eröffnet vor allem die Sicht auf die pädagogischen Probleme der Zeit«[5]. Das liefert den Anschluß an die zitierte Deutung der *Histoire Ancienne* auch hinsichtlich ihrer aktuell inhaltlichen Stoßrichtung. Zeitlich parallel zu Daumiers Entwürfen deckt Herding ein reiches Bezugsfeld an Illustrationen und Karikaturen vor allem in den zeitgenössischen satirischen Zeitschriften auf, die allenthalben in Europa aus dem Boden schossen und zu Instrumenten der breiten politischen und gesellschaftskritischen Diskussion avancierten.

Das lithographische Verfahren

In seinem *Vorwort* zu einer deutschen Ausgabe der *Histoire ancienne* von 1947 spricht Ernst Penzoldt von einem »geheimen Gesetz«, daß Dichter wie Dickens und Gogol in ihrer Zeit für ihr Werk die »denkbar besten Zeichner« gefunden hätten und daß die Photographie gleich in den ersten Jahren ihrer Entwicklung zur »schönsten künstlerischen Blüte« gekommen sei: »So ist es vorzüglich ein Meister, für den, von oben gesehen, Alois

5 A.a.O., S. 149f.

Senefelder den Steindruck hat erfinden müssen: Honoré Daumier. Durch ihn werden bereits alle künstlerischen Möglichkeiten der Steinzeichnung wenn nicht erschöpft, so doch abgegrenzt«[6]. Das ist natürlich übertrieben: Die künstlerische Eskalation des neuen graphischen Verfahrens ist nicht auf Frankreich und nicht auf Daumier beschränkt; sie setzt auch bereits wesentlich früher – um 1810 – ein. Aber Penzoldt hat recht, wenn er darauf abhebt, daß sich nun eben ein ganzes künstlerisches Lebenswerk mit Hilfe der Lithographie gestalten läßt und daß sich mit ihrer Hilfe – ist hinzuzufügen – plötzlich in alltäglichen Druckmedien wie Flugblättern, Journalen und Zeitungen die zentralen Probleme der Zeit bildnerisch ansprechen lassen.

La Caricature bestach durch ihre bunt-kolorierten Blätter, für die der Druck vom Stein quasi nur die Vorzeichnung lieferte; der *Charivari* hingegen – als billigere Zeitung mit wesentlich erhöhter Auflage – war ganz auf das lithographische Druckverfahren in Schwarz-Weiß abgestellt, und hier hat es Daumier in der Tat auf Anhieb zu einer Meisterschaft gebracht, die von keinem Zeitgenossen erreicht wurde. Der wesentliche technische Vorteil der neuen, zum Ende des 18. Jahrhunderts durch Alois Senefelder erfundenen Drucktechnik war, daß der Künstler nicht länger des Handwerkers bedurfte, der – wie beim Kupferstich und zu weiten Teilen auch beim Holzschnitt und Holzstich – als technischer Übersetzer zwischen Vorlage und Druck trat. Die Handschrift des Künstlers blieb jetzt vom Entwurf bis zum Abzug gewahrt; es konnten nachträgliche Korrekturen angebracht werden; hinzu kam die Vielseitigkeit der anwendbaren Techniken (wie Kreidezeichnung, Tusche-Manier mit Feder oder Pinsel, Schabetechnik und Pointillierverfahren), mit denen man unterschiedlichste Effekte, schärfste

6 Honoré Daumier, *Götter und Helden, Fünfzig Lithographien*, Einführung Ernst Penzoldt, München 1947, Vorwort. – Ernst Fuchs hat 1903 in Berlin eine deutsche Ausgabe unter dem Titel *Die ollen Griechen* vorgelegt.

Kontraste und feinste Abstufungen der Grautöne erreichen konnte. Der Druck selbst wurde wesentlich erleichtert, größere und variablere Bildformate als etwa beim Kupferstich wurden möglich[7]. Zur Nutzung der technischen Vorgaben durch Daumier und zu den Effekten, die er mit ihnen erreicht, führt Penzoldt aus: »Die Entwicklung des zeichnerischen Striches aus der Natur des Künstlers und aus der Natur des lithographischen Verfahrens zeigt reizvolle Verwandtschaften, man könnte – von oben gesehen – sagen: Familienähnlichkeiten. Ich will nicht geradezu behaupten, daß die Sehnsucht in Daumier, im Stein ›erfunden‹ zu werden, den Daumier, oder daß die Sehnsucht in Daumier, ›frei und keck‹ zeichnen zu können, die Lithographie hervorgezwungen hat, aber es hat schon seinen Sinn, immer wieder auf diese glückliche Harmonie aus Persönlichkeit und Handwerkszeug hinzuweisen, wie sie hier sich offenbart. Das Zeichnen auf den Stein mit dem Kreidestift macht ein ungemein angenehmes Gefühl, es ist an sich schon ein ästhetischer Genuß. Den Dilettanten kann diese Technik leicht zu Bravheit und Langweiligkeit verführen, zu allzu sauberer Schraffur. Es lohnt sich allein schon von der Technik her, die Blätter genau zu betrachten und also entstehen zu sehen, bis einem ganz daumierlich zumute ist«[8].

Zum Verhältnis von Bild und Text

Es ist bekannt, daß zwischen den Redakteuren und den Karikaturisten von *La Caricature* und *Charivari* fruchtbare Wechselbeziehungen bestanden. Öfters gingen die Anstöße zu Karikaturen von Philipon, dem Gründer dieser beiden Zeitschriften, aus, so etwa bei der berühmten Verspottung des Bürger-Königs

7 Vgl. Jula Dech, *Die Herstellung von Freiheit durch Druck*. In: *Honoré Daumier und die ungelösten Probleme der bürgerlichen Gesellschaft*, Berlin 1974, S. 145ff.
8 Daumier, *Götter und Helden*, Einf. Penzoldt, a.a.O.

Louis Philippe im Symbol der vielsagenden Birne. Bei der Serie zu *Robert Macaire* – einer Figur, in der sich der Schwindelgeist der Epoche manifestierte – steht es fest, daß Philipon »stolz auf seine geistige Mitarbeit an dieser Folge war und deshalb seinen Namen als Miturheber nennen ließ«[9]. Gleichwohl müssen, wie Eduard Fuchs in seinem *Daumier*-Buch von 1920 äußert, der größte Teil der Texte und der größte Teil der von ihm ausgeführten Bildideen dem Karikaturisten selbst zugeschrieben werden. Das gilt zweifellos für die Lithos der *Histoire Ancienne*, ob freilich auch alle, häufig in Versen abgefaßten Bildlegenden Daumier zum Verfasser haben, darf bezweifelt werden. Das Spiel mit wirklichen und vorgetäuschten Zitaten, die Operationen mit Wortspielen und Kalauern – nach franz. ›Calembour‹, d.i. Wortspiel, das auf dem Gleichklang von Worten bei verschiedenem Sinn beruht – bedurften keiner sonderlichen literarischen Begabung, die über die gewohnten satirischen Usancen der Zeit hinausgegangen wäre. Ohne Daumiers Karikaturen wären die Texte, die häufig konträr zum Bild angelegt sind, wissenschaftliches Anmerken und Kommentieren parodieren etc., freilich kaum überliefert worden: Zu deutlich ist das Übergewicht des Zeichners Daumier über den literarischen Part in dieser Serie.

Die Frage nach der Autorschaft ist jedoch unerheblich. Anders verhält es sich mit der Relation von Bild und Text! Baudelaire hat in dieser Hinsicht Daumier mit Gavarni verglichen und ausgeführt, daß letzterer seine Legenden mit viel Witz selbst verfaßt und somit zweierlei geboten habe: »Die Zeichnung, dann die Unterschrift«[10]. Seine Blätter sind für den Betrachter *und* den Leser da, wobei nach Baudelaire »das Beste in der Unterschrift liegt«: »So viel könnte die Zeichnung gar nicht

9 Eduard Fuchs, *Honoré Daumier, Lithographien 1828–1851*, München 1920, S. 57.

10 Baudelaire, *Sämtliche Werke*..., Bd. 1, a.a.O., S. 324; die letzte der zitierten Äußerungen S. 320.

sagen.« Baudelaire erinnert dabei an ein Blatt, auf dem man eine Grisette sieht, die einem jungen verzückt aufblickenden Mann ungerührt die kalte – und halbnackte – Schulter zeigt. Es bedarf der Legende, damit die Szene in ihrer ganzen satirischen Schlagkraft zum Ausdruck kommt: »Ein Küßchen, du gutes, mildes Herz, um Gottes willen, bitte.« – »Kommen Sie heute abend wieder, wir haben heute früh schon gegeben, als Ihr Vater da war.« Bei Gavarni kommt das Bild selten ohne das Wort aus. Wort und Bild ergänzen und steigern sich gegenseitig. Zu Recht zieht deshalb Baudelaire die Konsequenz: »Daumiers Genie ist unverblümt und direkt. Man lasse die Unterschrift beiseite, die Zeichnung bleibt etwas Schönes und Klares.« Deshalb stellt er Daumier an die Seite des großen französischen Komödiendichters: »In moralischer Hinsicht sehe ich bei Daumier gewisse Beziehungen zu Molière. Wie dieser geht er stracks auf sein Ziel los. Der Grundgedanke tritt sogleich hervor. Man schaut hin, und schon hat man begriffen. Die Legenden, die man unter seine Zeichnungen setzt, leisten keine sonderlichen Dienste; meist sind sie entbehrlich. Seine Komik ist sozusagen unwillkürlich. Der Künstler sucht nicht, man sollte eher meinen, der Einfall breche aus ihm hervor.« Blättert man die Karikaturen unserer Serie durch, wird deutlich, wie sehr Baudelaires Urteil zutrifft. Wo das Bild nicht für sich allein sprach, reichte dem zeitgenössischen Publikum der Titel, um ihm den angerissenen Zusammenhang der griechischen Mythologie bzw. griechischen Geschichte in Erinnerung zu rufen. All das war ja – zumindest für das gebildete Bürgertum, das Bildungsbürgertum der Mitte des 19. Jahrhunderts – selbstverständlicher Schulstoff und damit festes Wissensferment der Zeit. Das gilt in besonderem Maß für die kleine Folge innerhalb der *Histoire Ancienne*, die Geschichte des Telemach, der auszog, seinen Vater Odysseus zu suchen. Fénélons *Aventures de Télémaque* von 1717 waren das ganze 18. Jahrhundert hindurch bis tief ins 19. Jahrhundert hinein Pflichtlektüre für die Zöglinge der höheren Schulen gewesen. Diesem erbaulichen Werk, dem man direkte didaktische Rezepte für die heranwachsende Jugend entnahm, wie überhaupt der Vorstellung von antiker Größe und antikem Heroentum als modernem Bildungsziel entzog Daumier mit seinen Antiken-Karikaturen die Grundlage. – In unseren Kommentaren zu den einzelnen Blättern versuchen wir, diesen Bildungshintergrund, den der Karikaturist voraussetzt, um ihn zu attackieren, mit wenigen Strichen wiederherzustellen; dabei nehmen wir die kritische Richtung der einzelnen Blätter auf, stellen sie in den je eigenen aktuellen Horizont und geben einige vorsichtige Hinweise für die Betrachtung der Bilder.

Wolfgang Drost, Karl Riha

Bilderbücher, Cartoons, Kinderbücher

Karl Arnold. Das Steuermännlein
und andere Bildergeschichten. Mit einem Aufsatz von Ernst Penzoldt. it 105

H.C. Artmann/Barbara Wehr. Christopher und Peregrin
und was weiter geschah
Ein Bären-Roman in drei Kapiteln zu Bildern von George Martyn. it 488

Nicola Bayley. Siebenundsiebzig Tiere und ein Ochse
Bilder von Nicola Bayley. Geschichte von Elisabeth Borchers und Maria Dessauer. Vierfarbendruck. it 451

Das Adreßbuch für Kinder
Mit Bildern und ausgewählten Geschichten; Gedichten und Rätseln von Monika Beisner. it 294

Friedrich Johann Justin Bertuch. Bilder fremder Länder
Mit farbigen Illustrationen. it 248

Otto Julius Bierbaum. Zäpfel Kerns Abenteuer. Eine deutsche Kasperlegeschichte in dreiundvierzig Kapiteln.
Frei nach Collodis italienischer Puppenhistorie Pinocchio. Mit 65 Zeichnungen von Arpad Schmidhammer. it 243

Das Märchen vom herrlichen Falken und andere russische Märchen mit Bildern von Ivan Bilibin. Nacherzählt von Elisabeth Borchers. Vierfarbendruck. it 486

Rebecca Berlinger/Wolfgang Hildesheimer. Was Waschbären alles machen
Bilder von Rebecca Berlinger mit einer Geschichte von Wolfgang Hildesheimer. Vierfarbendruck. it 415

Elisabeth Borchers. Das Adventbuch
Vierfarbendruck. it 449

Joachim Heinrich Campe. Bilder-Abeze
In 23 Fabeln und illuminierten Kupfern. Herausgegeben und mit einem Nachwort versehen von Dietrich Leube. it 135

Bilderbücher, Cartoons, Kinderbücher

Lewis Carroll. Alice im Wunderland
Mit 42 Illustrationen von John Tenniel. Übersetzt und mit einem Nachwort versehen von Christian Enzensberger. it 42
– Alice hinter den Spiegeln
Mit Illustrationen von John Tenniel. Übersetzt von Christian Enzensberger. it 97

Gertrud Caspari. Die Sommerreise
In Verse gesetzt von Heinrich Meise. Vierfarbendruck. Nach der Originalausgabe aus dem Jahre 1905. it 416

Alexandre Dumas. Geschichte eines Nußknackers
Mit Illustrationen von Bertall. Herausgegeben und bearbeitet von Josef Heinzelmann. it 291

Ein Fisch mit Namen Fasch
und andere Gedichte und Geschichten von Menschen und anderen Menschen. Von Elisabeth Borchers. it 222

Dick Gackenbach. Betti sei lieb, Betti sei brav
Aus dem Amerikanischen von Ingrid Westerhoff. Dreifarbendruck. it 490

Das sehr nützliche Merk-Buch für Geburtstage
Geschmückt mit Bildern von Anita Albus, Monika Beisner. Almut Gernhardt, Arturo Heras, Guillermo Mordillo, Wilhelm Schlote, Walter Schmögner, Hannelore Stirnemann, Oliver Villate, Erna de Vries, Hans Walther u. a. Mit ausgewählten Gedanken und acht oder neun weisen Worten übers Briefeschreiben von Lewis Carroll. Zusammengetragen von Elisabeth Borchers. it 155

Grandville. Bilder aus dem Staats- und Familienleben der Tiere
Zwei Bände. Mit einem Nachwort von Karl Riha. it 214

Kate Greenaway. Butterblumengarten
Mit Bildern und Versen. Ins Deutsche gebracht von Elisabeth Borchers. it 384

Friedrich Güll/Franz Pocci. Kinderheimat in Liedern und Bildern
Lieder von F. Güll, Bilder von F. Pocci. it 111

Johann Peter Hebel. Die drei Diebe
Eine Geschichte vom Zundelfrieder. Als Bildergeschichte gezeichnet von Wilhelm Hämmerle. it 271

Bilderbücher, Cartoons, Kinderbücher

Arturo Heras. Am Anfang war das Huhn
Bildergeschichten. it 185

Hans Hillmann. ABC-Geschichten von Adam bis Zufall
Bildergeschichten. it 99

Russell Hoban. Der Mausevater und sein Sohn
Mit Bildern von Lillian Hoban. Aus dem Amerikanischen von Ingrid Westerhoff. it 453

Peter Jerschow. Gorbunok, das Wunderpferdchen
Nachdichtung von Martin Remané. Illustrationen von Klaus Ensikat. Vierfarbendruck. it 485

Dieter Kühn/Dirk Zimmer. Die Geisterhand
Eine Geschichte von Dieter Kühn mit Illustrationen von Dirk Zimmer. it 382

Das große Lalula
und andere Gedichte und Geschichten von morgens bis abends für Kinder. Zusammengestellt von Elisabeth Borchers. Mit Illustrationen. it 9

Edward Lear's Kompletter Nonsens
Ins Deutsche geschmuggelt und mit einem Nachwort versehen von Hans Magnus Enzensberger. Mit Illustrationen von M. Edward Lear. it 480

Arnold Lobel. Die Maus im Suppentopf
Aus dem Amerikanischen von Ingrid Westerhoff. it 383
– Mäusegeschichten
Aus dem Amerikanischen von Jörg Drews. it 173
– Vom Jungen der immer Hunger hatte
Erzählt nach einem russischen Märchen von Cynthia Jameson. Mit Bildern von Arnold Lobel. Aus dem Amerikanischen von Ingrid Westerhoff. it 312

Bertold Löffler. Die sieben Zwerge Sneewittchens
Vierfarbendruck. it 487

Der Löwe und die Maus
und andere große und kleine Tiere in Fabeln, Geschichten und Bildern. Ausgewählt von Anne M. Rotenberg. it 187

Bilderbücher, Cartoons, Kinderbücher

Kathy Mandry/Joe Toto. Die Katz und die Maus und die Maus und die Katz. Eine Geschichte von Kathy Mandry mit Bildern von Joe Toto. Aus dem Amerikanischen von Jörg Drews. Vierfarbendruck. it 489

David McKee. Zwei Admirale
Aus dem Englischen von Harry Rowohlt. Vierfarbendruck. it 417

Guillermo Mordillo. Das Giraffenbuch
Cartoons. Mit mehrfarbigen Abbildungen. it 37
– Das Giraffenbuch 2
Cartoons. Mit mehrfarbigen Abbildungen. it 71
– Träumereien
und andere wunderliche Geschichten. Mit mehrfarbigen Abbildungen. it 108

Kate Greenaway/Elisabeth Borchers. Mutter Gans oder Die alten Ammenreime
Mit Bildern von Kate Greenaway. Ins Deutsche gebracht von Elisabeth Borchers. it 28

Neuester Orbis Pictus
Die Welt in Bildern für fromme Kinder. Vierfarbendruck. it 9

Die Abenteuer Onkel Lubins
Erzählt und illustriert von W. Heath Robinson. Herausgegeben und aus dem Englischen übersetzt von Reinhard Wagner. it 254

Oski's Buch der Erfindungen
Bildergeschichten. it 227

Franz Pocci. Kindereien
Verse und Zeichnungen von Franz Pocci. Ausgewählt und mit einem Nachwort von Dietrich Leube. it 215

Das Poesiealbum. Verse zum Auf- und Abschreiben
Ausgewählt von Elisabeth Borchers. Mit Bildern und Vignetten. it 414

Wilhelm Schlote. Das Elefantenbuch. it 78
– Fenstergeschichten
Vierfarbendruck. it 103
– Geh mal wieder ins Kino
Eine Bildergeschichte ohne Worte. Dreifarbendruck. it 430
– Die Geschichte vom offenen Fenster. it 287

Bilderbücher, Cartoons, Kinderbücher

Walter Schmögner. Das Drachenbuch
Vierfarbendruck. it 10
– Ein Gruß an Dich
Bildergeschichten. Mit farbigen Abbildungen. it 232
– Das unendliche Buch
Vierfarbendruck. it 40

Sonne, Mond und Sterne
Gedichte, Prosa und Bilder. Auswahl von H. Bender. it 170

Johanna Spyri. Heidi
Vollständige und ungekürzte Ausgabe in einem Band. Nach den beiden Erstausgaben von 1880 und 1881. Mit Illustrationen von Paul Hey. it 351

Rodolphe Töpffer. Komische Bilderromane
Herausgegeben von Karl Riha. Zwei Bände. it 137

Hans Traxler. Es war einmal ein Mann
Vierfarbendruck. it 454

László Varvasovszky. Das Schneebärenbuch
Vierfarbendruck. it 381

Wassilissa, die Wunderschöne und andere russische Märchen
Mit Bildern von Ivan Bilibin. Nacherzählt von Elisabeth Borchers. Vierfarbendruck. it 452

Anthologien, Märchen, Sagen

Aladin und die Wunderlampe
Aus dem Arabischen von Enno Littmann. Mit Illustrationen einer französischen Ausgabe von 1865/66. it 199

Ali Baba und die vierzig Räuber
und die Geschichten von den nächtlichen Abenteuern des Kalifen aus 1001 Nacht. Aus dem Arabischen von Enno Littmann. Mit Illustrationen einer französischen Ausgabe von 1865/66. it 163

Hans Christian Andersen. Märchen
Mit Illustrationen von Vilhelm Pedersen und Lorenz Frølich. Aus dem Dänischen von Eva-Maria Bluhm. Drei Bände in Kassette. it 133
– Märchen meines Lebens. Eine Skizze.
Mit Porträts des Dichters. it 356

Clemens Brentano. Das Märchen von Fanferlieschen Schönerfüßchen
Mit acht Radierungen von Max Beckmann. it 341

Das Buch der Liebe
Gedichte und Lieder, ausgewählt von Elisabeth Borchers. it 82

Denkspiele
Polnische Aphorismen des zwanzigsten Jahrhunderts.
Herausgegeben und mit einem Nachwort von Antoni Marianowicz und Ryszard Marek Gronski. Mit Illustrationen von Klaus Ensikat it 76

Deutsche Heldensagen.
Nacherzählt von Gretel und Wolfgang Hecht. it 345

Der Teufel ist tot
Deutsche Märchen vor und nach Grimm
Herausgegeben mit einem Nachwort und Anmerkungen von Ninon Hesse. it 427

Die Erzählungen aus den Tausendundein Nächten
Einleitung von Hugo von Hofmannsthal. Vollständige deutsche Ausgabe in zwölf Bänden. Nach dem arabischen Urtext der Calcuttaer Ausgabe aus dem Jahre 1839. Übertragen von Enno Littmann. Mit farbigen Miniaturen. In farbiger Schmuckkassette. it 224

Daumier ist brutal über die Antike hergefallen, über die falsche Antike – denn niemand fühlt stärker als er, was die Antike Großes hatte –, er hat darauf gespuckt; und der schäumende Achill, und der listenreiche Odysseus, und die brave Penelope, und Telemach, der lange Einfaltspinsel, und die schöne Helena, die Troja zugrunde richtete, kurzum alle und jeder stehen in jener possierlichen Häßlichkeit vor uns, wie die schlotterichen alten Heldendarsteller, die in den Kulissen eine Prise Tabak schnupfen.

Charles Baudelaire

ISBN 3-458-32260-4 ⟨600⟩